教学成果这样培育

柳夕浪 著

教育科学出版社
·北京·

出 版 人　李　东
责任编辑　杨建伟
版式设计　宗沅书装　杨玲玲
责任校对　贾静芳
责任印制　叶小峰

图书在版编目（CIP）数据

教学成果这样培育/柳夕浪著.—北京：教育科
学出版社，2019.2（2024.7重印）
　ISBN 978-7-5191-1787-0

　Ⅰ.①教…　Ⅱ.①柳…　Ⅲ.①基础教育—教学研究—
成果—汇编—中国　Ⅳ.①G632.0

中国版本图书馆CIP数据核字（2019）第018894号

教学成果这样培育

JIAOXUE CHENGGUO ZHEYANG PEIYU

出版发行	教育科学出版社				
社　　址	北京·朝阳区安慧北里安园甲 9 号		**市场部电话**	010-64989009	
邮　　编	100101		**编辑部电话**	010-64981151	
传　　真	010-64891796		**网　　址**	http://www.esph.com.cn	
经　　销	各地新华书店				
制　　作	宗沅书装				
印　　刷	中煤（北京）印务有限公司				
开　　本	720毫米×1020毫米　1/16		**版　　次**	2019年2月第1版	
印　　张	13.25		**印　　次**	2024年7月第9次印刷	
字　　数	163千		**定　　价**	38.00元	

如有印装质量问题，请到所购图书销售部门联系调换。

什么是基础教育教学成果？

国家级教学成果奖是国务院确定的教育教学领域最高级别的奖项，与国家自然科学奖、国家科技进步奖、国家技术发明奖并列，每 4 年评审一次。2014 年，依据国务院《教学成果奖励条例》，教育部组织进行了首届基础教育国家级教学成果奖评选活动，主要目的在于建立一种长效机制。一是激励。国家有关基础教育内涵发展的理念再先进、顶层设计再完善，要在学校层面落地，都必须通过学校和教师这个桥梁。要通过优秀成果的评选奖励，把改革的动力、潜能挖掘出来，把各方面的积极性调动起来，特别是激励一线教师坚持不懈地在教学改革一线长期进行实践探索，攻坚克难，将改革引向深入，把立德树人的根本任务落到实处。二是共享。改革开放以来，基础教育教学改革成果频出，迫切需要建立共享机制。组织开展这项工作，就是要引导各地和各学校进一步总结提升这些年来课程改革积累的成果，搭建成果交流的平台，让更多的学校和教师能够分享这些好的经验、好的做法，共同提高基础教育教学质量和水平。

那么，如何建立一种长效机制，催生出更多更好的教学成果呢？这还得从什么是基础教育教学成果说起。

一、奖励由来

（一）《教学成果奖励条例》的发布

要提高国民素质，把我国沉重的人口负担变为强大的人力资源，离不开人才培养，离不开学校的教学工作。1988 年，国家教委决定开展普通高等学校优秀教学成果评选工作，以促使高校多出人才、快出人才、出好人才。1989 年进行了首届普通高等学校优秀教学成果评选活动，共评选出获奖成果 433 项。1990 年 1 月 17 日，党和国家领导人江泽民、李鹏在人民大会堂出席了首届国家级普通高等学校优秀教学成果奖励大会并向获奖代表颁奖。李鹏总理做了重要讲话。他称赞"这件事情办得很好"，是一项"意义重大、影响深远的重要的制度建设"，并指出："学校的工作包括各个方面，比如说最主要的是教学和科研，但两者比较起来，还是应该把主要力量放在教学方面……我们的各级政府和学校都要对在教书育人、教学改革、教学管理、提高教育水平方面作出显著成绩的教师和教育工作者进行精神和物质的奖励，成绩特别突出的要给予重奖。我们要采取措施，在高等学校树立一种认真从事教学工作，积极研究改进教学工作的好风尚。"[1]

基于首届普通高等学校优秀教学成果奖评奖活动，根据李鹏总理的讲话精神，国家教委组织研究起草了《高等学校优秀教学成果奖励条例（草案）》，报国务院。[2] 后经反复讨论修改，奖励政策不断得以完善。其中，最为重大的变化是奖励范围从高等学校变成了面向"各级各类学校、学术团体和其他社会组织、教师及其他个人"[3]，成为面向整个教育行业的整体性制度设计。1994 年 3 月 14 日，国务院发布《教学成果奖励条例》（国务院第 151 号令），对教学成果奖励目的、内容范围、国家和省（区、市）两级奖励制度，以及国家级教学成果奖标准、奖项设立、奖励周期、评审组织管理等做了规定，特别强调了国家级教学成果奖为"国内首创"以及"经过 2 年以上教育教学实践检验""在全国产生一定影响"等基本要求。

---

① 参见《关于报批〈高等学校优秀教学成果奖励条例〉的请示》（教高〔1991〕20 号）附件。
② 参见《关于报批〈高等学校优秀教学成果奖励条例〉的请示》（教高〔1991〕20 号）。
③ 参见《教学成果奖励条例》第三条。

（二）基础教育教学成果奖的初步探索

20 世纪末，教育部基础教育司根据国务院发布的《教学成果奖励条例》，组织研制《基础教育国家级教学成果奖励暂行办法（征求意见稿）》[①]，征求了各省级教育行政部门的意见，但由于当时基础教育普及任务更为迫切、艰巨（尚未转到以内涵发展为主的阶段）而被搁置，没有正式印发，未组织国家级教学成果评选活动。

与此同时，北京、天津、浙江、四川等一些教育改革与发展基础较好的省市率先对基础教育省级教学成果奖励工作进行了实践探索，建立了省级奖励制度。如浙江省 1999 年进行了首届基础教育教学成果评选工作（评出一等奖 29 项，二等奖 77 项），截至 2017 年，共举办了五届评奖活动。

（三）基础教育课程改革教学研究成果的评选

2010 年年初，新一轮基础教育课程改革启动 9 年后，为系统总结并推广基础教育课程改革的成果及经验，教育部办公厅印发《关于征集基础教育课程改革教学研究成果的通知》（教基二厅函〔2010〕2 号），组织开展基础教育课程改革教学研究成果征集、评选与交流活动。这次活动共征集各省（区、市）报送的教学研究成果 924 项，经过初评、复评、终评等程序，最终确定基础教育课程改革教学研究成果一等奖 43 项、二等奖 92 项、三等奖 208 项。2010 年年底在浙江宁波召开颁奖大会暨成果交流会议。

此次征集、评选与交流活动为正式启动基础教育国家级教学成果奖励工作积累了实践经验，同时也很好地回应了基础教育到底有没有国家级教学成果的质疑。

（四）首届基础教育国家级教学成果奖评审

随后，教育部原基础教育二司进行了基础教育国家级教学成果奖评审的筹

[①] 参见《关于征求对"基础教育国家级教学成果奖励暂行办法"意见的通知》（教基厅函〔1998〕6 号）。

备工作，再次组织研制了《基础教育国家级教学成果奖励暂行办法（征求意见稿）》，于 2011 年公开征求了各省（区、市）意见。2012 年上半年，根据教育部领导有关指示精神，教育部办公厅对基础教育、职业教育与高等教育教学成果奖励工作进行了统筹协调，设立"年份 + 国家级教学成果奖"，包括基础教育、职业教育、高等教育三大类。具体操作上采取"1+3"模式——1 个领导小组、3 个评审委员会；1 个办公室，3 个秘书处；1 个奖励办法，3 个评审办法。教育部政策法规司牵头研制了《国家级教学成果奖励实施办法》，征求了各方面的意见，对其进行了修改完善。

2013 年年底，教育部印发《关于开展 2014 年国家级教学成果奖评审工作的通知》（教师〔2013〕14 号），对 2014 年基础教育、职业教育、高等教育国家级教学成果奖评审工作分别做了安排。基础教育共受理各省级单位推荐的候选成果 1305 项。根据管办评分离原则，委托中国教育学会成立评审专家委员会，负责评选工作。遴选专家 3000 多人，组成评审专家库。从专家库中遴选专家，成立网评专家组和会评专家组，在评审专家委员会领导下开展具体评审工作。最终评出授奖项目 417 项，其中，特等奖 2 项，一等奖 48 项，二等奖 367 项。2014 年 9 月 9 日，在人民大会堂召开国家级教学成果奖颁奖大会，基础教育、职业教育、高等教育一等奖以上获奖者及其他全国教育系统先进集体和先进个人受表彰代表参加了会议，习近平总书记、李克强总理等党和国家领导人接见了获奖代表。

基础教育国家级教学成果奖，可以说是"20 年磨一剑"!

二、成果要义

《教学成果奖励条例》（简称《条例》）第二条规定：本条例所称教学成果，是指反映教育教学规律，具有独创性、新颖性、实用性，对于提高教学水平和教育质量、实现培养目标产生明显效果的教育教学方案。

这句话可以理解为：经过实践检验的，具有科学性、创新性和实效性的教育教学问题解决方案才是《条例》所指的教学成果。结合基础教育的特点及时代要求，深入理解和把握上述成果界定，须注意以下几方面内容。

（一）价值定位

为鼓励教育工作者从事教育教学实践探索，提高教学水平和教育质量，国家设立教学成果奖。《条例》规定奖励级别为国家级政府奖，成果奖的评审、批准与授予由国家教育委员会负责；其中，授予特等奖的报国务院批准。在奖励工作定位上，它既不同于先进教育工作者、教学名师的评选，又不同于优秀教育科研成果的评比，所奖励的并非一般"教育科研成果"，而是"教学成果"，是教育科研和教学工作两者的结合，直接指向教学实践，激励和引导广大教育工作者尤其是一线教师从事教学改革研究和创新实践，立德树人，促进青少年儿童的全面发展、健康成长。教学成果不同于一般日常教育教学工作总结，它要以研究为基础，离不开科研方法和科研成果的支撑，但科研成果本身不一定就是教学成果，只有那些将科研论文、专著转化为教育教学实际问题的解决方案，经过较长时间教育教学的检验，对改进教学行为、提高教育质量产生显著成效的实践探索成果才是教学成果。（见图1）

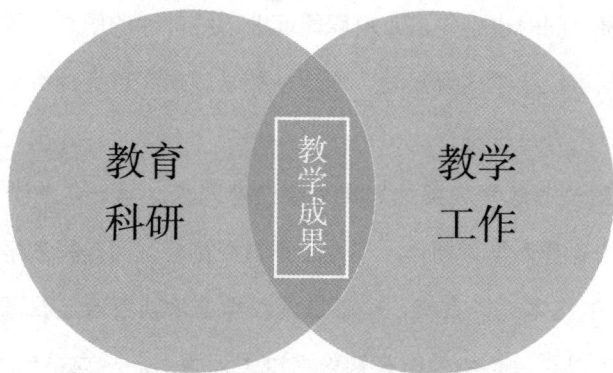

图1　教学成果与教育科研、教学工作的关系

（二）成果内容

基础教育国家级教学成果要反映我国基础教育教学改革与实践探索的重要成

果，内容包括课程、教学、考试评价、资源建设等方面，可以是综合性的，也可以在某些方面有所侧重。其中，课程是指对学习活动（活动领域、目标、内容、方式、步骤或进度、学业质量标准等方面）的设计，主要通过文本形式呈现，如课程方案、课程标准、指导纲要等，对学校教学具有导向和规范作用。教学是指教师引起、维持和促进学生学习的所有行为方式，是教与学双方互动的过程，不局限于课堂教学和认知学习，现场学习、实习以及操作学习、交往学习（社会性学习）的组织指导均属于教学活动范畴。考试评价是指对学习过程和结果的监测、反馈与改进，重在了解和把握学生学会了没有、学到什么程度。资源建设包括文本与非文本、现实与网络等多种形态，它对教学活动起到重要的支撑作用，如教材、教学所需的实践基地建设等。中小学教材作为基础教育重要教学成果之一，因其开发主体一般不是中小学和一线教师，评审办法也有待论证和完善，2014 年首届基础教育国家级教学成果奖评审未将其列入奖励范围。

教学成果必须直接对教学过程本身进行变革，接受教学实践的检验。宏观教育管理、现代学校制度建设、经费投入机制、师资队伍建设等与教学工作密切相关，但只是对学校教学起着辅助甚至支撑作用，不是直接对教学过程本身进行的改革与实践探索，同时也主要是政府职能而非一线教师的职责，所以没有被纳入首届基础教育国家级教学成果奖励范围。从教学成果奖自身的价值定位出发，对成果内容的界定不宜过于宽泛。

在教学成果与非教学成果的划定上要注意两点。第一，关于学校德育。成果分类体系未按德智体美劳划分，不等于不重视德育，而是将教学作为学校教育（不只是德育）的基本途径看待，也就是说教学本来就应该是教育过程，是将知识转化为素养的过程，不能停留在知识点过关训练上。从立德树人的导向出发，教学成果奖特别强调充分发挥学科教学和跨学科教学的育人功能（这时候的学科教学也就是学科教育）。第二，关于教育教学综合改革。主要是以课程建设为核心，以课程方案和课程标准为统领，推动教材建设、教学、考试、评价、教师专业发展、学校管理等人才培养环节的系统变革，是在学校或区域层面进行的改革，不是单纯的教育管理改革和教育事业发展。

（三）成果形式

《条例》规定教学成果的呈现方式是教育教学方案，同时规定方案要经过2年以上教育教学实践的检验。将教育教学方案作为成果的物化形式，突出教学成果的可操作性、可推广性要求，克服研究与实践"两张皮"问题。它不是不要理论思考，而是要求将理论思考、探索的结果——论文等进一步转化为教育教学方案，转化为行动纲要、指南、资源、标准、策略等，能够接受实践的检验，有效解决实际问题。这样一种实践中的转化是充满张力、活力、生气的，也是最费力气的创新过程，是教学成果奖需要重点关注的。

依据《条例》，基础教育国家级教学成果奖励设计规定了成果的主要表达形式为成果报告，即关于教育教学方案主要内容及其形成与检验过程的报告，同时辅以论文、案例、视频等支撑材料。单纯的论著、翻译作品、文献综述、随笔集等不属于教学成果奖励范围。

不同类别的成果物化形式是不一样的，如课程建设成果（包括校本课程在内）的重要载体是课程实施方案与课表、课程纲要、活动手册等，而不一定是固化的教材；教学改革成果的重要载体可以是教学设计、课型、教学指南、策略等，不一定是缺乏变通性的教学模式；教学评价改革的重要载体是学业质量标准、经过信度效度检验的测评方案及工具、学科素养模型等，而不是试题集等；资源建设的重要载体是教材、实践基地、学具教具、电子平台等，而不是一般的教辅材料。有特定的物化形式和载体，成果才能落地。

（四）基本要求

基础教育教学成果必须符合国家的教育方针、政策，体现时代精神，落实立德树人根本任务，发展素质教育，遵循学生身心发展规律和教育教学规律；必须围绕解决基础教育教学过程中的实际问题提出科学的思路、方法和措施，经过一定时间的实践检验，使问题得到有效破解，对于实现培养目标、提高教学水平和教育质量效果显著，产生了广泛而积极的影响，至今仍在教育教学中发挥示范引领作用。

特等奖教学成果应在教育教学理论上有建树，在教学改革实践中取得特别重大的突破，经过不少于 4 年的实践检验，对提高教学水平和教育质量、实现培养目标有突出贡献，在国内处于领先水平，在全国产生重大影响。一等奖教学成果应提出自己的理论或发展和完善已有理论，经过不少于 4 年的实践检验，对教学改革实践有重大示范作用，对提高教学水平和教育质量、实现培养目标产生重大成效，在全国或省（区、市）内产生较大影响。二等奖教学成果应在教学改革实践的某一方面有所突破，经过不少于 2 年的实践检验，对提高教学水平和教育质量、实现培养目标产生显著成效，在全国或省（区、市）内产生一定影响。

基本要求及各等级奖励标准包含理论意义、实践价值、实际效果、专业影响四个方面的指标，是首届基础教育国家级教学成果奖评审的标准。

（五）对象范围

基础教育包括学前教育、中小学教育及与此相关的特殊教育，不包括中等职业教育。除教育行政部门以外具有法人资格的单位（具体包括中小学校、幼儿园、教科院所、大学等）及从事基础教育教学改革和研究的个人皆可申报，重点面向中小学校、幼儿园和一线教师。

三、成果培育

一分耕耘，一分收获。没有农民的栽种、浇灌、照料，庄稼不会有好的收成。优秀教学成果同样离不开教育工作者及相关人员（包括教育行政和教育科研等各方面力量）的精心培育。一方面，教学成果的评选和奖励是以成果培育为基础的；另一方面，各级教学成果的评奖也推动了地方和学校层面广泛的成果培育。近年来，有些省份已经通过设立"前瞻性教学研究"项目来催生更多、更好的教学成果，为培育基础教育教学成果助力。

（一）三个基本原则

新中国成立以来，我国基础教育改革与发展取得了前所未有的成就，目前进入以内涵发展为主的阶段，必须建立以质量提升为基本导向的新的工作机制。相对于事业发展来讲，质量提升任务更为迫切，也更加艰巨，而教学成果的培育和推广无疑是一个很好的切入点和重要抓手，意义十分重大，同时也极富挑战性，特别是科学合理地把握好培育过程，做到以下"三个确保"，即三个原则。

第一，确保将培育过程作为解决教育实际问题、推进教学改革、提高教育质量的过程，促进教学工作的迭代更新，充分发挥学科教学和跨学科教学的育人功能，而不能把它窄化为撰写科研论文的过程。

第二，确保将培育过程作为有志之士、有识之士、有权之士等各方面力量协同创新、共同提升自身素质的过程，其中，学校和一线教师是主体性力量，不能把它窄化为少数专家的个人行为。

第三，确保培育过程主要是从专业角度进行的持续不断的、丰富多样（个性化）的实践探索，遵循教育教学活动规律和人才成长规律，为儿童的学习持久地下功夫，不能把它变成一两次耀眼的教研活动和大规模的标准化生产运动。

（二）四个基本环节

一项教学成果的培育一般长达数年甚至数十年，涉及面较广，其复杂性毋庸置疑。但在日常教育教学中，我们所要做的事并不都像把航天员送上太空那么复杂，所要面对的真相不可能复杂，当我们在寻找复杂问题的解决方法时，可能简约的方法更合适，也更容易被应用，所谓"大道至简"。本书把教学成果的培育过程归纳为准确定位、理清思路、实践检验、成果总结四个基本环节。（见图2）相信各位老师围绕这些基本问题，通过自己的努力，能够创造出有一定思想高度、有独特技术路径、有坚实改革行动、有必要学术加工的成果。

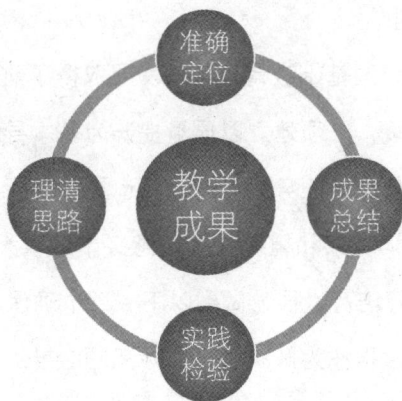

图 2　教学成果培育的四个基本环节

　　这本书将结合有关案例，特别是首届基础教育国家级教学成果奖获奖成果，和大家一起讨论以上四个方面的问题。

目 录
CONTENTS

第一章　准确定位

　　有一所农村寄宿制初中，生源是周边村庄的孩子，80% 的学生为留守儿童。该校从 2008 年起，立足课堂，进行合作学习改革，针对学生课堂合作学习的随意性、机械性、虚假性问题，提出"分层合作、问题伴学"教学主张，强调以学习者为中心、以思维为主线，形成了自己的操作模式。基于学情，以知识模块为单位，让学生提出问题；基于问题，进行一对一、一对五的小组活动，克服无问题的虚假合作；围绕重点问题，独立思考，让做对的学生来讲解，或老师讲解，鼓励学生接题、答题和质疑，鼓励不同观点的碰撞，强调有深度的合作；基于问题，分层合作，串组交流，并组织开展学生评课活动，回归真正意义上的能力本位，克服合作学习中优生平平的难题。近年来，教学质量特别是考试成绩迈入了地区前列，在各级各类活动比赛中捷报频传，全国不少同行来观摩其课堂教学。

　　基于上述材料，请你思考如下问题：

　　★对这样一所农村初中的教学改革主张，尤其是价值定位，我有些什么想法？

　　★如果进一步深化改革，我认为该做些什么样的调整和完善？

　　培育教学成果首要的是找准方向，明确目标任务，使之有一定的思想高度，能够用明天的视角思考今天的事情，在全局的视野中谋划局部的工作。高度决定视野，只有在开阔的视野中，把自己的工作与社会发展、人的终身发展联系起来，才能把握好方向，明确究竟到哪儿去，到底要什么，真正理解你想做的事情。

一、成功在于精准

　　提及教学成果，不少人也许马上会联想到"教育科研"。国家之所以在科研奖之外单独设立教学成果奖，显然这两者有着不同的定位（不排除它们之间有联系）。一些地区和学校像教育科研那样进行教学成果的规划和指导，并由科研部门具体组织实施，很容易将教学成果与教育科研混为一谈。

勿忘初心的科研

　　学术原本相对独立于政治、经济，具有自己独特的内在价值，主要是建立专门的、有系统的学问，满足好奇心、求知欲（学术的工具价值、外在价值是建立在内在价值基础之上的）。古希腊人对几何学的建构比较典型地反映出这种纯粹的学术观。虽然几何学的形成与土地丈量、房屋建造等实际需求有关，柏拉图也推崇几何学在战争上的用途，但他认为这只是"附带的好处"，几何学的真正目的是"纯粹为了知识"。[1]

　　近代科学的诞生是以承认自己的无知为前提条件的，其不同于伊斯兰教、基督教、佛教这些宗教知识体系的地方，就在于承认自己并非无所不知（因为知道自己的无知，才感到有必要去探究），即使在对真理的追求有了显著进展之后，也还是承认所获得的知识可能有错，没有穷尽，必须继续探究，永远在路上，没有终结；而后者假设世上所有重要的事件已为人或神

---

[1] 柏拉图.理想国[M].郭斌和，张竹明，译.北京：商务印书馆，2002：290-291.

所知，且不容置疑、不可侵犯。穆罕默德宗教生涯的第一步，就是谴责他的阿拉伯同胞，说他们对于真正神圣的真理一无所知，而宣称只有自己知道全部的真相。信徒们称呼他为"先知的封印"（见《古兰经》），意为所有先知到此为终结。达尔文从来没有说过自己是"生物学的封印"，已经完全解开了生命的谜团。他在回忆录中说："我始终努力保持自己思想的自由，其范围可使我在见到事实明显地相反于我深爱的任何假说时，马上就放弃这个假说（而且我对于每个专题，总是忍不住想建立一个假说），的确，我只能照此办法去行动，别无其他途径可以选择，因为我记得，凡是初次建立的假说，在经过了一段时间之后，总是使我不得不放弃，或者做了很大的修正。"[①] 另外，达尔文出生在一个显赫而富有的家庭，他一生都没有也没有必要去从事任何有偿工作（尽管他是一位精明的投资人），没有为了生存而抛弃他的学术，这对于我们理解他非功利性的目的有重要作用。

近代科学在经济、军事等方面发挥了重要的作用，直接导致西方国家航海、军事远征队邀请科学家同行，但科学家的目的不是征服、打仗，而是从事科学研究，收集事实材料，用证据、数据说话，依靠证明（确证）而不是凭个人体验、思辨和想象得出结论。1831 年，英国皇家海军派出"小猎犬号"，前往南美洲、马尔维纳斯群岛和加拉巴哥群岛绘制海岸图。有了这些知识，海军可以在开战时掌握先机。"小猎犬号"船长决定带上一位地质学家，研究一路上碰到的地质构造。然而，好几位地质学家都拒绝了他的邀请，最后，一位年仅 22 岁的剑桥大学毕业生接受了邀约，他就是达尔文。达尔文曾经差点儿就成了英国圣公会的牧师，但他对自然科学的兴趣远胜于对《圣经》的兴趣，于是他抓住时机，进行实地考察，采集制作各种动植物标本，对许多海生动物进行了初步解剖，坚持每天写旅行日记，生发各种想

---

① 达尔文 . 达尔文回忆录 [M]. 毕黎，译 . 北京：商务印书馆，2015：91.

法，最后形成了他的演化论。

从近代科研诞生的过程看，学术包含"与学院有关"和"非实用性"两个主要特点，有它特定的领域、对象，有自身的规范准则和专业要求。在分工越来越发达的现代社会，学术研究也好，科学研究也罢，并非人人可为、处处可为，也无须人人科研、处处科研（注意：科研与非科研的区分不是对非科研的贬低，这只是一种分类、分工）。广大中小学教师要不要搞教育科研？应该从事什么样的教育研究？学校日常教研活动是教育科研吗？这些是有争议、需要进一步讨论的话题。

改革开放 40 年，国家级、省级、地市级、县级教育科研课题立项很多，投入不少，各地设置了专门的教科院所，许多学校还设立了教科室，开展课题研究。全国教育科学"六五"规划课题有 35 项，"七五"规划课题有 123 项，"八五"规划课题有 592 项，到"十五"期间，规划课题增加到 1500 余项，"十一五""十二五"的规划课题数量更多。规划周期也从过去的"五年一规划"调整为"一年一规划"。与此相关的"教育科研成果"可以用"铺天盖地"来形容。其中不乏上乘的，但总体说来，成果质量不能令人满意，有研究者批评众多的成果存在着"平庸化""不实用""不管用""不均衡"等问题。[1] 其实，根本的问题是科研的错位，人们忘记了它的专业化特点和学术初衷，使之变成许多人或单位用来"装点门面"的群众运动，失去了起码的科学研究水准。它本来就不该实用、不该均衡。今天的科研有必要回归原点再出发。忘记了初心，必然导致"科研"的平庸，与真正的"科研"不搭界。

教育科学自身有怎样的特点？在我国，"教育科学"离"科学"有多远？

---

[1] 曾天山，等 . 新中国教育科研通论 [M]. 北京：人民教育出版社，2015：223-225.

教学成果的精准

2015年1月，习近平总书记新年首个调研地点选择了云南，他要求坚决打好扶贫开发攻坚战，加快民族地区经济社会发展。5个月后，习总书记来到与云南毗邻的贵州省，强调要科学谋划"十三五"时期扶贫开发工作，确保贫困人口到2020年如期脱贫，并提出扶贫开发"贵在精准，重在精准，成败之举在于精准"。一段时间内，"精准扶贫"成为各界热议的关键词。它与过去的粗放扶贫不同，要求针对不同贫困区域的环境、不同贫困农户的状况，运用科学有效的程序实施精确识别、精确帮扶、精确管理，谁贫困就扶持帮助谁，防止出现情况不明、对象不清、针对性不强等问题。

习总书记说的扶贫工作准则，其实也适用于中小学教学成果的培育。与追求学问的科研不同，教学成果的培育是一个发现、分析和解决实际问题的过程。我们应有与实际问题保持必要距离的科研（旁观是客观性的重要保障，基于个人体验的写作有其自身的重要价值，但无法保证其客观性，不同于真正意义上的科学研究），建立纯粹的学术观，但不能有不分析解决现实问题、应对未来挑战的教学成果。教学成果的培育不是对现实教育问题的旁观，而是对它的有效干预和回应，体现实践性；不能只停留在先进理念的宣传、理论体系的建构上，而需要将理念、理论转化为切实的行动，强化实效性；不能只停留在一般工作的传达和布置上，而要分析宏观问题、一般性的工作问题在自己所在地区、学校、班级的特殊表现是什么、问题的症结在哪里，提高针对性。方向对了，分步实施，日积月累，定有所得；方向不对，适得其反，劳而无功。

在首届基础教育国家级教学成果奖评选中，一些获奖成果早在改革开放之初就被提出过，就进行过实践探索，其研究富有前瞻性，反映了时代精神，至今仍然有着很强的理论意义和实践价值。如江苏省南通市李吉林老师针对传统的灌输式教学束缚儿童的发展、压抑儿童学习积极性和潜在灵性的问题，提出引导儿童主动学、乐学，切实提高教学质量的情境教育思想，并进行了长达 30 多年的实践探索。[①]30 多年的教学探索与实践，包括以下几个阶段：为了儿童学好母语，探索情境教学；为了儿童的整体发展，开拓情境教育；为了情境教育大众化，开发、建构情境课程等。随着基础教育改革的不断深入，其意义价值也越来越凸显，在今天以发展核心素养为中心的教学改革中，情境设计、情境学习依然是个无法绕开的重要话题。

再如，北京市特级教师马芯兰也是在改革开放之初，把小学数学的 540 多个概念，根据其内在联系，统整到"和"这个基本概念上来。从学习"10 以内数的认识"开始，到"加、减计算""理解加减关系""求和、求剩余的实际问题"等，始终贯穿着"和"的概念。当出现两个或两个以上加数相同时，"乘法的意义"就出现了。因此，"和"的概念也是理解乘法口诀及其意义，学习有关乘、除法实际问题及计算的基础。从"和"的概念中可以比较两个不等的数量进而得出"同样多""差"的概念，若"差"出现了和较小数同样多，则引出"倍"这一核心概念。较大数里有若干和较小数同样多的数，较小数为一倍，较大数是较小数的若干倍，由此理解"倍"的相关问题。反之，以较大数为倍数，较小数是较大数若干份中的几份，较小数就是较大数的几分之几。这样以"份""分数意义"为核心概念就可以学习"分数实际问题""分数计算""百分数""比和比例的实际问题"。[②]

---

① 参见 2014 年基础教育国家级教学成果奖获奖材料《情境教育实践探索与理论研究》。
② 参见 2014 年基础教育国家级教学成果奖获奖材料《马芯兰小学数学教学法》。

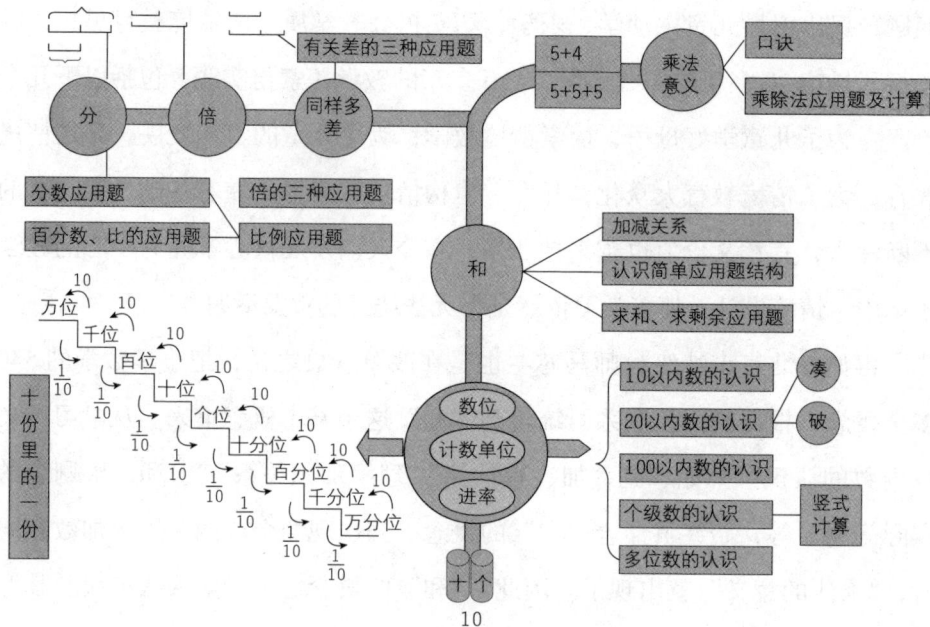

图 1-1　小学数学知识网络图

上述以"和"的概念为核心，把小学数学的主干知识连成有机的知识网络体系的教学内容整合思想，与当今世界理科教学中用大概念（核心概念）来统整教学内容的走向不谋而合。30 多年前开始的实践探索与今天的教育教学改革主流十分合拍，如此小学数学教学改革项目不只是有着历史的厚重感，而且召唤着基础教育的明天，无疑蕴含着研究者的大智慧！

恰如兵法，首要的是权谋，以"计"为先，以"谋"为先，而不只是实战，所谓"运筹于庙堂之上"，"决胜于千里之外"。要把握方向，对全局、全程有通盘考虑，不要因小失大、迷失方向。

二、保持对现实问题的敏感性

对威胁自身的各种潜在问题保持应有的敏感性，乃是人类的本能之一，我们的祖先如果缺乏敏感性，随时有可能丢了性命。现代社会中，一方面，各种可能伤害肉体生命的因素得到了有效控制，大家无须杞人忧天；另一方面，各种可能伤及精神生命的因素如"温水煮青蛙"效应等，慢慢地侵蚀着人们，大家随遇而安，对有关问题和挑战变得不那么敏感了（当然也有少数过于敏感者，走向另一个极端）。这是成果培育之大忌，因为改革创新及其成果培育始于问题的发现和甄别，坚持问题导向是教学成果培育的基本原则之一。没有问题的改革是乱折腾，如为追赶时尚，打造"幸福教育""快乐学习""高效课堂"等所谓特色，而对儿童发展中的课业负担过重、身体素质严重下降等问题视而不见。

下面这堂课你怎么看？

我看过一篇文章，开头举了这样一个课例：

某年某月某日上午第一节课的小预备铃（课前2分钟）响起，学生迅速走进教室，坐得端正，集中精力，准备战斗。年轻的老师站到初一（9）班教室门口，关注着每一名学生，仿佛是巡视战前阵地的指挥官，十分严肃。

上课铃响过，班长喊"起立"，老师精神抖擞地走上讲台。师生打招呼后，老师说明这节课的内容：学习解一元一次方程的另一种方法——移项，并亮出如下学习目标：

1. 理解并识记"移项"的概念；

2. 会用"移项"的方法解一元一次方程。

怎样才能当堂实现教学目标呢？老师出示自学指导，如"理解并识记什么叫移项，思考移项为什么变号""重点看例3的第一步，思考移项要注意什么""6分钟后，比谁能熟记什么叫移项、移项的依据是什么、移项为什么要变号，并能仿照例题运用移项的方法解一元一次方程"等，共6条。

老师要求学生按照自学指导认真自学。学生个个明确目标、任务和方法，立即投入战斗。教室里特别安静，老师巡视，鼓励学生不懂就问。大家边看、边想、边记，谁也没有抬头。几分钟后，老师关切地问："还有不懂的吗？不懂的同学请举手。"一个也没有。老师大声说："能够背诵什么叫移项、移项的依据、移项为什么要变号的同学，请举手。"学生高兴地举起手来。老师提问检查，学生都能准确背诵。

进入自测环节。老师分发练习题（共10题，如 $5x=2x+4$、$2x-5=6$ 等）。学生立即独立解题，就像考试那样紧张。8分钟过后，学生做完了，脸上露出了胜利的喜悦。老师用白板公布答案，学生对照答案进行自我评分（每题10分，共100分）。老师了解到得满分的有50人，并夸奖了他们，同时将未得满分的两个学生的练习用白板放大，组织大家一起评改，讨论错在哪里，强调不能粗心，要注意含未知数的项移到等号的左边、常数项移到等号的右边等。

剩下的20分钟，学生当堂完成有关作业。下课铃响后，学生都交了作业本，师生行下课礼，学生让老师先走出教室。

文章指出：学校小学、初中、高中的数学新授课、复习课都和上述课一样，程序简单、不复杂，却能把德育贯穿先学后教、当堂训练的课堂教学全过程；课堂上教师以身作则、言传身教，引导学生紧张自学，当堂完成作业，实现知识教学目标；同时，学生在紧张的学习中潜移默化地磨炼了意志，养成了高效利用时间、一丝不苟等好习惯，增强了自信心、责任感、竞争意识和合作精神，获得了尊严和成功的喜悦。

文章还讲，下课了，学生高兴地走出教室，听课的教师上前问："你们喜欢这样上课吗？"学生都笑了，齐声说："喜欢！"评课时，有位教师高兴地说："这节课上得太好了！学生有精神，会学习，当堂理解、记忆，当堂完成作业……"

你同意这位听课教师的观点吗？我作为非数学专业教师，看了上述教学片段，并没有高兴起来，总感到对"移项"的意义、背后的数学思想没有讲明白、说清楚。数学是思维的体操，如果数学问题可以采取背诵之类的方式去解决，那可能就不是真正的数学问题和数学学科活动。也许如此紧张严肃的"战斗"确实"磨炼了意志"，但首要的是"战斗"本身的意义和价值，即是否值得为此去"战斗"。我们能否引导学生在更有意义和价值的"战斗"中去磨炼意志呢？

唤醒内在的教育自觉

今天的学校对学生生命安全比以往任何时候都要重视，人命关天，必须确保万无一失。其实，与校园安全事故相比，各种各样对学生精神生命和人格伤害的事件更为普遍，可能也更为严重，只是大家对此没有明确的意识，已经习以为常，或者隐而不察、视而不见罢了。中医通过"望、闻、问、切"诊断病情，教师给教育教学工作把脉，重在从学生发展的角度进行思考：自己的所作所为对于学生的成长意味着什么？不只是今天，更为重要的是对孩子的明天，不只是眼前，更为重要的是对孩子的未来、孩子的一生将产生什么样的影响？譬如，学校空间设计绝不只是一般意义上工程学、材料学的问题，而需要从儿童的角度思考其建筑设施、布局、景观等与儿童活动之间有些什么关联。再如，学校作息时间、课程安排、课堂规则等制度设定可能对儿童发展产生怎样的影响？哪些影响是积极的，哪些影响可能是消极的、不可取的？教师在课堂上要求学生反复练习的作业、检测题目来自哪里？与现实生活有没有联系？如果没有联系，这样的训练对学生来说有什么意义？此外，这些建筑设施、制度规定、检测题目反映出来的学校文化到底认同什么，否认什么，提倡什么，反对什么？如此文化氛围将对儿童的成长、人格的形成产生怎样的影响？

下面是一个课堂观察记录片段：

> 马丽举起右手，老师很快就看到了，问她有什么事。马丽问老师是否可以削铅笔。

我们从中可以看出什么呢？初看起来，就是寻常的课堂问答，马丽是个守纪律的孩子。进一步追问，这是否意味着在那个班学生在课堂上不能自己决定学习用品使用这类问题？如果连这类问题都要由老师决定而不是让学生自己判断，那么这样的课堂权力结构会对学生的人格产生怎样的影响呢？正是这样的不断追问、反思，才能唤醒教育工作者内在的良知和道德自觉，让人看到事实本身，从蒙昧走向觉解，从自在走向自为，达到"无蔽"和"自由"。忘记了对存在意义的追寻，存活在"日常"的遮蔽状态下，被"规训"却无觉察，只看到浮在海面上的冰山，看不到藏在海水中的本真状态，一切也就会变得理所当然、毋庸置疑。

中国的孩子喜欢体育活动，却不一定喜欢上体育课，喜欢听歌唱歌，却不一定喜欢上音乐课。做老师的却没有意识到这是问题，搞教育管理的只是推进体育中考、体育高考，使体育课成为学生新的负担。如果学生原本"不喜欢"，经"规训"后齐声说"喜欢"，可能更可怕。它让我想起汉娜·阿伦特（美籍犹太哲学家）对纳粹前党卫军中校阿道夫·艾希曼的描述：置身于纳粹组织结构中，成为"任人摆布的工具"，虽然并不想做一个恶人，但"从未意识到自己在做什么"，"注定让他变成那个时代罪大恶极的人之一"。[1]"他好似在总结这堂关于人类弱点的漫长一课带给我们的教训——那令人毛骨悚然的、漠视语言与思考的平庸的恶。"[2]

---

[1] 阿伦特.艾希曼在耶路撒冷 [M].安尼，译.南京：译林出版社，2017：287.
[2] 同[1]，第 252 页。

增强问题的预见性

对教育问题保持一定的敏感性，就不会盲目地接受一切。2014年年底，《教育部关于普通高中学业水平考试的实施意见》对高中教学管理提出了新要求，如学生选课选考指导、走班教学等。各省（区、市）在实施办法研制过程中提出一些困难和问题。到底是些什么问题呢？2015年年底，去北京师范大学第二附属中学调研，曹保义校长一下子提出了5个问题。

一是育人问题。实施选课走班后，会不会弱化德育？行政班有一支德育队伍，最重要的是班主任。弱化了行政班后，学生的思想教育谁来负责？可能分不清了。解决的路径可能是要加强教学班的管理。

二是分化问题。同质化教学有问题，于是要有多样化课程和教学，使学生各有所长。问题是另一种分化：自主性强了，过程分化了，结果也就不一样了。如因雾霾放了3天假，学校组织教师交流在放假期间学生是如何学习的。教师普遍反映学生学习情况差别太大了，有的学生比在学校课堂学习效果还好，另一些学生如同放羊，什么也没有学。如此自主发展，学生可能什么"长"也没有了，家长、社会能接受吗？自主学习需要有大量的个别指导跟上去，不完全是班主任的事。国外走班教学造成学生两极分化，学生的平均水平不如我们，我们现在的做法限制了尖子学生，也帮助了差生。可能还是要多些包容，包容差异。

三是失衡问题。教师队伍结构失衡，不足和冗余并存，且不好预期，因为影响学生选课的因素太多。设施设备失衡，有些学科设备要适当储备，要建立校际流动机制，解决由此带来的失衡问题。

四是课程门类窄化问题。高三会不会就上语文、数学？学生有负担主要是因为活动单调。如果不考的学科还在教，家长不认可怎么办？社会压力有时逼得学校没有退路。最好是强化高考的综合性，如语文试题涉及面广一些，让别的课程对学好语文有帮助。

五是学分认定问题。学生毕业看什么？考完合格就毕业，要不要看过程？有什么规定？学生不上地理课也能考合格，过程也就无所谓了。考合格了，你不能说他不合格，不给他学分。随着学习路径越来越多，将来这类问题会很多，北京前25%的学生都有可能不上课考合格，为什么非得来上课？

在北京尚未实施新的学业水平考试制度的情况下，曹校长就能预见不少问题。有些问题我想到了，有些问题我还没有想到。能够预见尚未出现的问题，预料常人未想到的问题，这是对现实教育问题敏感的集中表现。这样的预见本质上不同于消极抵触，它是积极的未雨绸缪，即《学记》中的"禁于未发"。有了这样的预见，才有实践中的有效防范，使顶层改革设计转化为基层学校的切实行动。

对孩子的处境感同身受

对教育问题的视而不见，主要来自对儿童生存发展状况的忽略、冷漠。一位长期从事教师教育研究的学者告诉我，现在有些年轻教师对学生谈不上什么爱，也谈不上什么恨，更多地生活在个人世界里、微信圈子里。有的教师教了一学年课后，连自己所教班级学生的名字也叫不出来，这样的教师能在乎学生的需要和问题吗？

2004年以来，上海市虹口区柳营路小学和许多城市学校一样，生源发生了质的变化，成为进城务工随迁子女入学聚集地，很多教师教学付出很多心力，但效果不如从前那么理想。于是，有些教师把握不住自己，出现了急躁、焦虑、烦躁的情绪，随之也出现了问题教育行为。师生的互动常常处于恶性循环之中，师生之间甚至产生了对立。为了解决这一问题，学校进行了问卷调查，形成《多维度学生学业起点数据分析报告》，并将其作为全校教师重要的教育参考。调查中发现：

83% 的学生家长是初中（含）以下学历；

月收入在 3000 元以下的家庭占总数的 37%；

97% 的家庭为租房（含群租房）家庭；

72% 的家庭为多子女家庭；

……………

这些学生的家庭原来与城市家庭截然不同！从 2004 年开始至 2013 年，学生接受过正规学前教育的比例逐年上升，但大多数年份该比例都在 50% 以下，不能较好地适应小学起始年段的教育。仅有这些数据参考还不够，教师对学生实际的学习生活还是缺乏切实的感受。为此，学校组织开展了基于支持性情感的"全校大家访"。所谓"支持性情感"，即要求家访教师学会倾听、观察，确定一种积极的感情基调，构建并扩展共享的理解，促进移情和互相尊重。初次家访，教师踏着轻松的脚步走进学生的家门，却怀着沉甸甸的心情离开……是的，当看到学生放学后趴在家长卖点心的案台上写作业时，老师对学生油渍斑斑的作业本再没有了批评；当看到孩子的父母披星戴月迈进家门时，老师对家长为生存而无暇顾及孩子再没有了责备；当看到学生在椅子上边做作业边照顾弟妹或帮助父母照看摊位时，老师对学生作业的质量有了理解；当一些学生家长歪歪扭扭地签上自己的大名、不会填写学生登记表时，老师对学生的家庭辅导质量不再抱怨……

家访中的倾听、交流，彻底打开了教师的心结，激发了教师心灵深处的大爱与责任，改变了教师对这些随迁孩子原有的困惑和看法，批评、指责少了，多了几分理解、宽容、呵护、疼爱，同时也深感肩上的责任重大，于是有了相关班级文化建设及"丫丫 81 个好习惯"（见表 1-1）等校本课程。[1]

---

[1] 参见 2014 年基础教育国家级教学成果奖获奖材料《进城务工人员随迁子女集聚的公办小学适应性教育的实践研究》。

表 1-1　丫丫 81 个好习惯

习惯类型	低	中	高
9 个学习 好习惯	1. 读写姿势端正 2. 爱惜学习用品 3. 认真听课，积极开动脑筋	1. 提前预习，课后复习 2. 善于观察，勤于思考 3. 按时、独立完成作业	1. 会查询资料 2. 敢于质疑 3. 大胆想象、有创新
9 个做人 好习惯	1. 说到做到 2. 孝敬长辈 3. 友爱同学	1. 学会感恩和宽容 2. 勤俭节约 3. 勇于承担责任	1. 诚信守时 2. 学会合作 3. 乐于助人
9 个礼貌 好习惯	1. 不乱翻别人的东西 2. 用双手接递他人物品 3. 会用礼貌用语	1. 进别人的房间要敲门 2. 不随便打断别人说话 3. 尊重他人，谦虚礼让	1. 公共场所守秩序 2. 不打扰别人的工作和休息 3. 尊重别人的隐私
9 个卫生 好习惯	1. 饭前便后洗手 2. 不随地吐痰，不乱扔垃圾 3. 早晚刷牙洗脸，每晚洗脚，勤剪指甲	1. 常换衣服常洗脚 2. 保持课桌椅干净整洁 3. 注意用眼卫生	1. 咳嗽、打喷嚏时要用手帕捂住口鼻 2. 随手整理好学具和衣物 3. 注意保护环境
9 个饮食 好习惯	1. 不挑食、不偏食 2. 吃饭时不说话、不出声 3. 少喝饮料多喝水	1. 细嚼慢咽 2. 少吃零食 3. 不边走边吃	1. 吃饭要定时定量 2. 爱惜粮食 3. 不吃过期、变质的食品
9 个阅读 好习惯	1. 姿势正确 2. 爱护书籍 3. 学会看书	1. 经常去书店和图书馆 2. 善于使用工具书 3. 能做摘抄、画重点	1. 每天阅读一小时 2. 读写思相结合 3. 善于交流读书心得
9 个运动 好习惯	1. 认真做好两操 2. 锻炼从易到难 3. 乐于参加体育游戏	1. 学会游戏 2. 积极参加体育比赛 3. 学会自我保护	1. 学会打乒乓球 2. 运动要持之以恒 3. 每天运动一小时
9 个劳动 好习惯	1. 会洗手帕和红领巾 2. 自己的事情自己做 3. 学会合作劳动	1. 会洗碗筷 2. 家里的事情主动做 3. 劳动结束整理现场	1. 会烧简单的饭菜 2. 别人的事情帮着做 3. 爱护和珍惜劳动成果
9 个安全 好习惯	1. 上下楼梯靠右行 2. 离家、离校要向家长或老师打招呼 3. 不急追猛跑	1. 遵守交通规则 2. 不做危险动作 3. 学会自我保护	1. 不进网吧 2. 远离危险地带 3. 不在机动车道或绿地中骑车

看来，保持对教育问题的敏感性，不只是做些问卷调查，或者发微信、打电话，而需要像柳营路小学老师那样走进学生的实际生活，进而走进学生及家长的心中，去倾听他们的呼声，亲身体验与我们不一样的孩子的学习、生活以及他们内心的感受。只是坐在办公室，凭着那些本来信度不高的报表、经过反复剪辑的视频、手机短信等，不知道孩子的真实处境，没有教育的现场感，能发现真正的教育问题吗？真正可信赖的，是置身于教育现场的切实感受。

一方面，互联网把人与人的空间距离拉近了，人类从来没有像今天这样跨越时空、便捷而自由地互动；另一方面，互联网大大减少了面对面的交流、沟通，使人与人的心理距离拉大了，彼此间似乎很熟悉却又很陌生。相伴而生的是教育现场感受力的缺失。与此相关，人工智能正逐步从简单重复的"体力劳动"转向复杂高级的"脑力劳动"，取代目前热门的白领工作，如会计、销售、翻译、记者、医师等。潘多拉的盒子已经开启。2000年高盛集团纽约总部有600名交易员，到了2017年只剩两名交易员，取而代之的是自动化交易程序。学校教学工作会不会被"外包"、被人工智能取代？这还很难说。不过，如果教师像机器那样，反复进行冷冰冰的知识训练，对学生内心的呼唤不留意、不在乎，对学生缺乏人文关怀和日常照料，那么他将首先被人工智能所取代。

三、直面疑难杂症

提及办学方向，可能很多人脑中会立即闪现"素质教育""立德树人""实践育人""拔尖创新人才培养"等教育教学理念。应该说这些理念是先进的，顺应了时代潮流，只是我们有没有结合实际，将其内化为自己的信念？有没有基于实践的独特理解和把握？很多情况下，我们可能只是把它贴在墙上，或者写在纸上，却做着背道而驰的事情。

理在自己的脚下

对方向的把握，不只是从宏大理论出发，从流行口号出发，从各种本本出发，更重要的是回到真实的教育场景，着眼于自己所面临的现实问题。教学成果原本因现实需求而生，当然不排除其中蕴含着思辨的乐趣、理念或理论的创生。

何为"理"？"理，治玉也。"玉石开采出来后，经过琢磨，精雕细刻，形成我们所需要的样式。玉的纹理非常细润，顺着纹理去琢磨，就可以雕刻出我们所需要的艺术品；反之，就容易使玉破裂。引申开来，你这样走就行得通，那样走就行不通。"理"原本就是这样一个实实在在的行走路线而不是难以捉摸的迷宫。行得通，做出来了，你就拥有了真理。这样的"理"不再是迷茫的，不再是文本形态的，不再是主观臆想的，它有了血肉，有了活力，有了实实在在的方位感，让人感到很踏实。此时，你对"素质教育""立德树人"等理念也就有了自己独特的体验、感受和表达，这些理念已融入你的生命之中，成了你一生的教育信念。方向其实不是他者的引领，而是自己心中的明灯；理论不是抽象的符号，而是自己在现实的教育土壤上开辟出来的道路，是对"道"的体悟、体认。

孔子讲："朝闻道，夕死可矣。"其中的"道"不是一般的"道理""事理"，而是特指儒家的"仁义之道"，"死"是动词的为动用法，意思是"为……而死"。孔子的这句话是说，你要在自己一生的实践中不断加深对"仁义之道"的感悟、理解，为了捍卫仁义之道，甚至不惜牺牲自己的生命，不是听到了就可以那么简单。《世说新语·自新》说周处年青时凶狠残暴，被义兴人称为"三横"之一。后来周处有悔改之意，但他担心自己光阴已虚度，最终无所成就。当时的文坛名士陆云对他说："古人贵朝闻夕死，况君前途尚可。且人患志之不立，亦何忧令名不彰邪？"陆云以"朝闻道，夕死可矣"劝浪子回头，告诉周处只要立志向善，就不必担心美名不扬；一旦觉醒，懂得了做人的道理，就要下决心去做。周处最终成了忠臣孝子。陆云所强调的也是对道的体认、践行。中国古人十分强调体认、体验、体悟等，所强调的是知行合一，知之真切笃实处即是行，行之明觉精察处即是知。

应有的责任担当

回到真实的教育场景，就是回到学生成长的实际，直面学生的成长需求，不是"王顾左右而言他"，不是绕道而行，而是敢于直面那些长期以来阻碍学生全面发展、健康成长的重点和难点问题。

譬如，中小学生课业负担过重，就是一个老大难问题。教育部曾数十次下达"减负"法令，但是由于种种原因，"减负"法令难以有效落实，尤其是部分地区和学校，课业负担过重，学生苦不堪言。在学校层面，课业负担集中表现为课外作业多，挤占了必要的活动、睡眠时间。某省 2012 年学业质量监测结果显示，八年级学生每天睡眠时间达 9 小时的比例仅为 9%，超过 60% 的学生每天睡眠不足 8 小时，每天睡眠不足 7 小时的学生比例为 27%，有 3% 的学生每天睡眠不足 6 小时。[1]烦琐低效的作业负担已成为制约学校发展的痼疾：消耗教师精力体力，抹杀教师教育的智慧，更阻碍了学生思维品质的提升和兴趣特长的发展，损害了学生的身心健康。

对此，山东省利津县北宋镇实验学校（原利津县北宋一中）在原有作业改革研究的基础上，于 2007 年提出并实施了"零"作业教学改革实践与研究，在学校教学工作的敏感部位动手术。学校在作业布置上有这样"三个不准"：一律不准布置课下书面作业，不准课下发放成套试题，课上完不成的作业不准留在课下做。建立"两个督查"，即学生督查老师、学校督查老师。老师给学生布置机械性、重复性的课下书面作业，属于违纪，学生可以不做，可以给校长写投诉信；学校督查组随时随地检查，一旦发现老师给学

---

① 彭钢. 初中生是成人还是儿童？[J]. 人民教育，2015（20）：29.

生布置课下书面作业，立即通报批评。实施"一个必须"：教师在课堂上为学生提供精心设计的《课堂学习指导纲要》，必须实现当堂评价。这些举措大胆改造了传统的课堂教学流程，变革了教师传统的备课方式和教学方式，提高了课堂教学效益。学校同时出台了《单元自主学习指导纲要》和《双休日（节假日）生活指导纲要》，加强自习课和课外生活指导。改革措施一出，学生高呼"'零'作业万岁"。他们反映："实施'零'作业后，我们的学习环境得到了很大改善，大脑也清醒了，上课精力集中了，学习成绩也提高了。"①

辽宁省盘锦市以政府为主导，加强考试招生制度改革，坚持26年执行小学就近入学、对口小学直升附近初中政策，16年来将重点高中指标100%分配到区域初中，14年来不搞小学、初中、高中全市统考等举措（这与近年来打着"教育质量监测"旗号，组织名目繁多的统考、统测正好相反）。②

一个在学校层面上改革学生作业环节，提高课堂教学质量；一个在区域层面上强化政府统筹，改革招生考试制度，致力于"减负"长效机制建设。其实，一旦进入真实的教育场景，就不难发现，学生的课业负担重，从学校内部看，主要原因就是课堂教学质量不高，于是课内损失课外补，学校不补社会培训机构补（近年来学生课业负担逐渐从校内转向校外）；从学校外部看，主要原因就是"唯分数论"，招生录取（尤其是高校招生）只看统考分数，见分不见人。北宋镇实验学校与辽宁省盘锦市，无非是没有绕弯子，没有为学生课业负担重寻找各种理由（社会压力大、家长期望高、教师素质不高等）开脱，而是直面现实问题，动真碰硬，体现出教育工作者应有的责任担当。

值得注意的是，近年来，无论是外来的 PISA（国际学生评估项目）测验，还是我们自己的学业质量监测，都反映出不少地区和学校课外作业多、

---

① 参见2014年基础教育国家级教学成果奖获奖材料《"零"作业教学改革的实践探索》。
② 参见国家教育体制改革试点项目中期总结报告（素质教育组），2013年7月。

学生课外活动和睡眠时间不足的问题，不知有关监测结果的反馈如何，有关地区和学校改进了没有。如果只是有监测，没有反馈，也没有改进和问责，那么这样的监测不搞也罢。管、办、评分离，彼此各搞一套，相互扯皮，就没有了合力。

理智上的勇敢更重要

医生面对重症病人，不会埋怨病人生病找麻烦，不会见死不救，而是想方设法解除病人的痛苦，免除死亡威胁。若干医学名著乃是医生医治疑难杂症经验的结晶。东汉时的扁鹊，游医列国，治愈众多疑难杂症。人们以神医扁鹊来赞誉他手到病除、起死回生之神功。此后，"扁鹊"之名四处传扬，逐渐代替他的真实姓名。扁鹊基于自己攻克疑难杂症的经验，著《难经》一书，以问难答疑的方式讨论了 81 个医学难题，又称《八十一难》，成为中医学重要的经典之作。

儿童健康成长中的问题也许没有人身体上的伤痛那么明显，因为对儿童的伤害是无形的、潜移默化的，所以常常被教育工作者所忽略。其实，那些对儿童人格的无形伤害比有形的创伤更可怕，侵蚀到一定程度会引发质的改变。在关注生命健康和生命质量的问题上，教育的学问和医学是相通的。学校教育中的许多问题往往由来已久，或许没有什么新意，但这些问题日积月累越来越沉重、越来越复杂，难以被有效解决。一些学者认为自己做的"主要是脑力工作而不是体力工作"，"主要接触纸、笔、计算机、通信工具，用文字、符号、思想等生产精神产品"[1]（言外之意是研究无须介入实践问题，与现实问题的关系只是间接性的），可以不去实践，不去解决现实问题。如果教学成果不能对迫切需要解决的现实问题给出回应，没有建立在改革试验或实验的基础之上，那么，这样的成果只是"纸上谈兵"，至少是不能令

---

[1] 叶继元．学术规范通论 [M]．上海：华东师范大学出版社，2005：2.

人信服的。如果我们不敢直面教育实践中众多的"疑难杂症",却一举成名,成为"名家",写出来的成为"名篇",那么,这样的"名家""名篇"就是炒作出来的,如此成名也是值得质疑的。

医学能对若干生命健康问题做出切实的回答,给出有效的处方,同样,关于教育的学问必须要对生命化育问题给出充满智慧、富有启发性的回应,对长期以来困扰着中小学教育的重点和难点问题(如学生课业负担过重、实践环节薄弱、招生录取中的"唯分数论"等)做出自己的回答。从根本上讲,某些教育理论缺乏科学性,是由于教改实践不充分。学校教育中日复一日、年复一年的机械重复劳动,若干教育疑难问题久而不解,既使教育实践丧失了应有的生机光彩,又使教育理论发展丧失了活力,从根本上制约了教育理论的发展。与体力上的勇敢相比,理智上的勇敢更重要。今天,我们不仅要有改革的定力,还要有改革的魄力。

四、因"势"而谋

找准方向不只是闻"道"于心,据"理"而行,坚定教育理想,还要认清形势,因"势"而谋,顺"势"而发。

从可见之"形"中把握孕育之"势"

"形"和"势"的区别在于:形是眼前的、可见的形状、形态;势是孕育中的、不可见的态势,是有待制造的格局。两者又密切相关:形是势的依托、势的表象,势是形的发挥,二者互为表里。直面现实,不只是注意可见的事实、问题,还要关注蕴藏在可见事实、格局之中的态势,把握时机,与时俱进,顺势而发。有"道"无"势",则"道"之不行,或者行之不畅。

今天我们正在亲历转型——巨大而广泛的变化,以往的发展模式不断被颠覆,而新兴的产品及生产模式不断推出,过去讲"三十年河东,三十年河西",现在可能是"三年河东,三年河西"。譬如,有着百年积淀、傲视群雄的诺基亚，2007 年全球手机市场占有率为 37.8%，遥遥领先于排名第二的摩托罗拉（14.2%）。而就在这一年 6 月底，苹果公司的首席执行官乔布斯向世界抛出一款叫作"iPhone"的手机，它的触摸屏颠覆了以往用户使用手机的方式；同时苹果公司还推出了应用商店，用户可根据自身需要去应用商店下载应用，如果是付费应用，苹果将和应用开发者以 3 ∶ 7 的比例分成。在各厂商纷纷推出触屏手机的时候，诺基亚不以为然，因其在 2004 年就研制了第一款触屏手机，最终因时机不成熟而放弃，并认定其不会成为主流，静观其变。时间到了 2011 年，苹果登上全球智能手机第一的宝座，在整个手机行业，它以 5.6% 的市场份额分享 66.3% 的利润。商场如同战场，能否合于时，乃生死所系。在这样一个快速变化的时代，我们必须及时从"形"中把握"势"，甚至"造势"。机会稍纵即逝，犹豫不决可能意味着落伍，甚至被淘汰出局。

让过去和未来在此相遇

基础教育关涉着未来，一方面基于儿童发展的需要和可能性（动力），基于他们的年龄特征和发展态势，为他们的终身发展奠基；另一方面必须对未来社会的挑战做出积极的回应（拉力），而不是日复一日、年复一年地重复着昨天的故事。教育就像一个人，她一只手牵着过去，一只手召唤着未来，让过去和未来在学校相遇，着力培养学生个人终身发展和未来社会所需要的正确价值观、必备品格和关键能力。

基础教育教学改革与研究的前瞻性突出表现在以下几个方面。

一是反思并重建学校课程。

课程看似在传承人类已有的文明成果，实际上是面向儿童未来生活的选择和设计，是为了更好地面对未来。它将是未来中小学、幼儿园教育改革十分重要的领域。

我们今天规划学校课程，等于向孩子和家长做出这样的承诺：如果孩子按照这一课程规划完成相关课业，达成预设目标，就能够适应未来世界，拥有光明的前程，他们将能够为未来的求学、求职、创业做好准备。课程规划的过程等于用孩子的未来"下注"，拿孩子6年、9年乃至12年的宝贵时光"豪赌"。在几十年、几百年甚至几千年相对稳定的传统社会里，让孩子学习的是那些他们今后生存和发展所必备的技能。课程论专家通常称此为"核心课程""永恒学科"等。赫钦斯认为，课程应当主要地由永恒学科组成。[①] 而在快速变化的现代社会，未来远远超出了我们的预期和想象，旧的行业、职业不断被淘汰，新兴的职业不断产生。在一个易变的、不确定的、复杂的和模糊的时代，教育何为？该为未来社会做怎样的准备？到底有没有不变的"核心课程"和"永恒学科"？那些曾经被我们认定的基础技能还需要吗？我们还能那么自信地做出上述承诺吗？孩子今天到底该学些什么才能更好地面向未来？在这个意义重大、挑战性也更大并且充满争议的领域，同样也充满着许多不确定性、复杂性，面临着各方面权益的协调和考量，可能会发生课程规划思路的根本变革，引发所谓的"范式革命"。传统的学校课程可以为儿童未来的就业、生活做准备，主要让儿童掌握知识技能，且要求掌握的基础知识技能基本相同。未来社会，当机器人、人工智能逐渐取代人类的工作，许多人可能根本无业可就，人类如何才能与人工智能良性互动呢？还是遵循以往的思路，以学备用，只是对传统的课程进行改良？

在知识获取途径越来越多样、手段越来越便利，而健康人格的形成越来越困难的情况下，可能我们要把学校教育的重点从单纯知识传授转向塑造健全人格，培养学生良好个性，让学生学会担当责任，转识为智，以德立人，克服技术世界可能出现的弊端。越是人性化，越能建立良好的人际关系，形成健康的道德品质，更好地适应未来。正如《中庸》开篇所言："天命之谓

---

① 李臣之，郭晓明，和学新，等 . 西方课程思潮研究 [M]. 北京：人民教育出版社，2013：23.

性，率性之谓道，修道之谓教。"不仅是"德育课程"，"课程德育"将会得到更多的关注。

当人工智能越来越多地取代常规（程序性）的、自动化的、非个人化的劳动时，可能我们要将未来课程的定位转向更加个人化的、创造性的、交互性的工作所需要的关键素养的培养，特别是让不同的儿童学习适合自己的课程，量身定做课程，激发其各不相同的潜能，保护好奇心，激发求知欲。越是独特，越是人本化，才越不能被复制，不容易被人工智能所取代。

一方面，学科分化越来越细，专业化要求越来越高；另一方面，学科之间、专业之间的横向联系越来越强，个体很难单独判断"哪个更好"。在这种情况下，我们可能要在人文与科技、学科与跨学科（综合）、深度与广度、全球与本土之间平衡、协调，更多地聚焦大概念（观念）来统整课程，让课程变得更加精致，而不膨胀、琐碎。越是基本的，越具有广泛应用价值。同时，创新很难由个体孤立劳动而产生，更多是合作、分享和广泛链接的结果。未来我们将越来越倾向于与他人有效互动，建立伙伴合作关系。

未来课程构建的框架是激进的还是递进的？"我们更愿意称其为'递进的宏图'。如果它过于激进，考虑到调整正规教育体制之进程的复杂性，它可能没有机会被采纳；但是如果它过于递进，它将不会对本世纪的相关教育内容和人才培养改革产生影响。打个比方说，它是化蛹成蝶。和毛虫相比，它是蝴蝶。它们有相同的 DNA，但是蝴蝶明显进行了根本的适应转化——它最终摆脱了毛虫的模样，尽管它还带有毛虫的基本特征。"[①]

二是技术条件下的学习。

未来社会人的学习面临的主要问题不是缺乏知识、缺乏名师、缺乏资源，而是不会选择、不会链接、不会反思、不会改进，一句话，不会学习。

---

① 菲德尔，比亚利克，特里林．四个维度的教育：学习者迈向成功的必备素养 [M]．罗德红，译．上海：华东师范大学出版社，2017：51.

我以为，未来不一定像传统社会那样，学子们都渴望成为某个名师的弟子，也不一定像今天这样追逐名校，因为只要学会学习，即便不在名师门下，不在名校学习，也可以享受优质资源。

人的学习总是与传播的媒介联系在一起，在口传、手工抄写、印刷、电子传播和数据传播等不同阶段，人的学习方式及相应的发展是不一样的。口传时代，发展了今天人们难以置信的记忆力。世界上有些民族至今还保留着口耳相传的悠久传统，完全凭惊人的记忆力背诵着《格萨尔》（100多万诗行，2000多万字）、《伊利亚特》等史诗。手工抄写催生了书法艺术，在促使人们修身养性的同时，也带来了"学习者灵魂的健忘"（苏格拉底）。当人们高度依赖大脑之外的存储设备时，记忆力就开始逐渐衰退了。印刷大大促进了知识的传播、学习。随着印刷术的发展，知识丰富起来，学科分化，文本符号得到广泛运用（每门学科都有自己的符号系统）。为了学习，人们不得不与文字符号打交道，学习成了"陌生人回家的路"，而不是安生的家（因为符号永远是符号，不可能变成"事情本身"）。电子传播和数据传播弱化了文字、符号的书写，让人们重新回到了"读图时代"。互联网是所有传播媒介的集大成者，它传播速度快、传播范围广、表达符号丰富、记录准确、支持双向传播，并且是自下而上地传播、扩散，显现出越来越强劲的势头。这些优势集中在一起，正在深刻地改变着人们的学习、生活和相互之间的连接方式，改造着整个教学活动的结构、育人模式等。尽管这种影响不一定都是积极的，有些影响可能是我们不愿意看到的（如智能手机的广泛使用），但可以肯定地说，面向未来的学校教学无法回避技术因素的显性影响，或者说是颠覆性影响。它将打破课堂的边界、学校的边界和求知的边界，使学习资源变得前所未有的丰富，学习方式变得前所未有的多样，学习途径变得前所未有的便捷，带来了技术和学习的深度融合。

网络条件下的学习会变得前所未有的自主、开放、多样，试图以单一

的、纸质的教科书规范孩子的学习，可能是徒劳无益的，以网络方式统一
"灌输"，可能是劳而无获的。如何让线上与线下融合、虚拟与现实互动、技
术与艺术互补、学科学习与跨学科学习结合、教书育人与实践育人统一，真
正实现我们期盼已久的自主选择与量身定做、独立思考与平等对话、边做边
学与反复制作改进（3D 打印完全可以实现这一过程），消解学校教育中不应
有的划一、压抑、宰制、封闭、纸上谈兵，已经非常现实地摆在我们面前。
举例如下。

　　　　格伦和他的团队创立了一个"边做边学"的课程计划，课程
设计了一个名叫威廉姆斯的非洲男孩的角色和他生活的情境。威廉
姆斯的村庄没有电，他利用拖拉机部件、废金属和一本关于能源的
书，制作他自己的风力发电机。学生可以跟着威廉姆斯的故事，设
计、测试和 3D 打印风力发电机。

　　　　利用大约 20 页的彩图和清晰的图解，学生可以通过一系列的动
手实验了解动能、电流和传动比等抽象概念。他们通过软件引导的
切纸机制作风车叶片，并利用打印机制作风力发电机的塑料齿轮。

　　　　学生两个人一组。两个女孩要测试她们 3D 打印的风力发电机。
女孩告诉老师，她们的发电机不工作了。拆开后，她们发现一个电
路板存在问题，一根线连错了地方。她们尝试着纠正回来。

　　　　该课程要求学生制作的东西人们能够使用并愿意使用，注重利
用技术通过应用抽象概念解决有趣的问题。师生都能够直接体验设
计和加工过程。[①]

多少年来，我们不断尝试着解决学与用的矛盾，试图把所学知识与

① 利普森，库曼.3D 打印 [M].赛迪研究院专家组，译 . 北京：中信出版社，2013：167-178.

生活实际结合起来，但由于多方面的原因，我们无法把实际工作搬到课堂上，而在实际生活中，我们又很难深入学习有关概念、原理，要么"关门读书"，要么"开门办学"。3D打印等现代技术、数据工具等，使课堂中的"开源""造物"变得十分便利，知识学习与动手操作可以融为一体，形成边做边学的教学新形态。

在教育和技术这场永恒的竞赛中，教育总是有些被动、不情愿，而最后总是被技术捆绑着前行。不管愿意不愿意、高兴不高兴，人们回避不了这个问题。有意识的人类学习如何面对无意识的人工智能？特别是当无意识的人工智能在许多方面超过了有意识的人类智能，甚至在某些方面打败人类的时候，人类该怎样学习才能确保主导地位？怎样才能消除现代技术可能给人类学习带来的负面影响（如缺乏现实生活的实践、体验等）？

三是更具包容性的教育评价。

当选择性、个性化的学习成为主流，教育评价也会相应地变得更加多元、开放。社会发展到今天，人人心中都有自己的教育学，有自己的教育梦，人人心中也有自己的衡量标准。可能，今后的教育评价不再是也不可能是政府或某个专业组织单方面说了算。如何既满足社会和学生个人的合理选择，又给予其必要的理性引导？如今中小学与流水线生产模式相适应的统一评价方式已无法适应时代的新要求，帮助学生准确认识自我，及早发现自己的潜能，培养良好的个性，并打破国人习惯已久的唯分数论，建立更加灵活多样的学业认定、转换与升学制度，最大限度地方便学生选学选考、扬长避短，将成为新时期教育评价的主要任务。大数据时代已经开始记录人的遗传、发育、日常生活方式等各方面的数据，及时分析、提醒一个人的健康状况可能出现的风险，提出个人医疗和保健方面的建议。这套思路、方式会逐步移植到学习情况的分析和评价之中。

改革开放初期，基础教育内涵发展更多地集中在学校教学秩序的恢复，以及教学方式、方法、模式的创新上，今天有影响的教学方法、流派，如自主学习、合作学习、探究学习、情境学习、综合学习等，几乎都可以在20世纪八九十年代找到原型。21世纪初，经国务院批准，教育部启动新一轮基础教育课程改革，国家、地方和校本三级课程建设成为改革的主流。十余年时间内，我们建构了具有中国特色、国际视野的基础教育课程教材体系，中小学课程意识明显增强。但这套课程体系并没有在基层和学校很好地落地生根。特别是在中学阶段，新课程改革在一定程度上被中考、高考"绑架"了。在基础教育课程改革深化阶段，需要整体设计、统筹推进，特别是打好考试招生制度改革的攻坚战，努力打破基础教育改革的瓶颈制约。可以说，在考试评价改革方面，我们才刚刚起步，未来一定会有更多的难题，需要结合我们的国情，富有创造性地加以解决。

当代学校教育所面临的真正挑战是，我们是在面向过去塑造学生，还是在为未来的世界培养人才？教育行业内外有一些人总是在拿自己过去的经历、所受过的教育来说事，评头论足，无非是希望年青的一代走自己走过的老路，而鲜有站在未来的角度考虑今天孩子的教育，祝愿年青一代闯出一条不同于自己的新路。不只是教育，包括家庭和社会都在忙着为孩子的成长制订这样或那样的指标体系，然后按照这些指标时时处处对孩子进行考评。这对孩子的成长意味着什么？

某中学针对校园存在的男女不正常交往现象，以及男女交往中不庄重、不文明的行为和做法制订校规，禁止男女同学间的若干行为。如：

互为彼此打饭，共用一个餐具，互喂食品；

给异性提包、外套等随身物品；

接受或给予异性食品、礼物；

在校道、运动场、男女宿舍周围逗留；

异性间肢体接触等。

并规定：

男女同学乘一辆自行车或摩托车，公交车上女生坐男生大腿，进出异性同学宿舍或在异性同学宿舍逗留等行为，综合素质评价为不合格，班主任通知家长，会同家长诫勉谈话，给予严重警告处分；

男女同学在校园交谈时，选择偏僻、人少的地方，在车棚、运动场周边、楼梯、小树林、走廊角落等地方，有单独接触行为者，综合素质评价为不合格，班主任通知家长，会同家长诫勉谈话，给予记过处分或留校察看处分等。

看了上述校规，不知你有何感想？

变化之中的不变

当然，未来快速发展变化中是不是也有始终保持不变的东西，比如中华优秀传统文化，特别是文化人反复提及的"君子之道""圣贤人格"？首届基础教育国家级教学成果奖获奖成果中，上海复旦大学附属中学的《阅读"中国人"，书写"中国人"——彰显语文教育人文性的实践研究》，构建了以"中国人""中华古诗文阅读"为主要内容的语文课程体系，绘制了传统文化优秀基因图谱。江苏省海门市东洲小学祝禧等人的《教有文化的语文，培养有教养的儿童——文化语文教育的实践与探索》，选择具有鲜明的民族文化色彩的"意象"，指导学生感悟中国人特有的借物抒情、托物言志的审美方式。他们是在守护中国人的传统精神家园，强化中国人的文化自信，在中国越来越走近世界舞台中心的时候，文化身份的认同显得尤为迫切，也尤为重要。只是今天在感悟中华文化基因时一定会发生着古人和今人之间、你和我之间的不断碰撞，有些传统文化在这种碰撞中可能保持余温，甚至异时复活，而更多的是在当下重新被选择、被发现、被创造，并在这个过程中重构自己。传统只能在活着的人身上体现而不能在逝去的人身上再现，岂能不变？教育的魅力在于把昨天、今天、明天连接在一起。怎么连接呢？没有现成的结论，这本来就是个悬念。

人的认知由"知之"和"不知"共同组成，"不知"远比"知之"多。只要有"不知"，就可以猜。古人用占卜，今人用科学探究，两者有着怎样的关联呢？

五、本土转化

这些年来，越来越多的人感受到课程的重要性，关注到课程在学校全面育人中的核心作用，认识到课程质量直接影响着人才培养质量。可进一步往下想：课程的主要载体——中小学课程方案、各学科课程标准及教材等，无不体现着党的教育方针的要求和国家意志，即使是占比有限的校本课程，它所承载的也是学校的办学理念、培养目标等，而非教师个人行为。对于基层学校和教师来讲，课程创新的空间在哪里？

充满活力的转化与生成

教育活动几乎与人类同时诞生。人类文明历程留给我们一大笔宝贵的精神财富，包括政治家对中小学教育的指导思想、目标蓝图等进行了一系列的规划，科学家对各学科、各专门领域的研究成果进行了一系列的梳理提炼，课程专家对课程方案、标准及教科书等进行了一系列的设计，教育家对学校教育教学相关问题进行了一系列的总结归纳。但是，前人、他人留给我们的往往是经过简化、形式化处理的文本形态的东西（若干政策规定，基本概念、定律或模型，几条教学原则或方式方法建议等），而被简化的正是文明成果形成过程中真实、具体、生动的东西，这是一个"去情境化"的过程。

它给学校教学以必要的限定和启发，否则我们须回到没有任何预设的零点状态。但因为其抽象甚至粗疏，难以与我们所在地区、所在学校的文化生态直接对接，与我们所面临的儿童生活直接对接，与丰富多样的个性直接对接，因此，所谓课程实施必然伴随着无数的非预设性、不确定性，处于不断转化与生成的过程之中。

这种转化包括两个方面：教师对培养目标、课程标准、教科书、相关教辅材料的深入学习、通透理解、重新架构，将其转化为具体的教学活动情境和可操作的活动工具材料等，开发和利用本土资源进行二度开发加工，将抽象的知识要点还原为现实生活场景；学生在教师的组织、指导下，或活动探究，或对话交流，或独立学习，在具体情境中提出问题、分析问题、解决问题，转识为智、修炼成人等（学校教育情境中，两个方面交织在一起，不能截然分开）。在这样一个连续转化的过程中，新体验、新思想、新方案、新设计不断生成，也就是说，课程改革中的生成是在预设启发下发生的，是转化过程中的创新，而不是在预设、转化之外"另搞一套"。

在首届基础教育国家级教学成果奖评选中获特等奖的成果——北京十一学校《普通高中育人模式创新及学校转型的实践研究》，把国家课程方案中八个学习领域的科目做了分层、分类、分项、综合等方面的处理，让学生自主选择适合自己的层次、类型、项目等，从而创造适应每一个学生学习需求的课程体系，而没有改变国家课程目标、框架及学分结构等；同时，重组学校课程资源，建设学科教室，打开仓库，打开实验室，打开隔断墙，打开教学与资源之间的一切阻隔，让资源直接进入学习过程，而不是在日常教学场所之外另建一个课程基地；改革大家习以为常的教学组织形式，全面推进选课走班教学。这些本来就是 21 世纪普通高中课程改革所倡导的，是促进学生全面而有个性地发展所必需的。北京十一学校无非是做了绝大多数学校不敢做也不愿做的（并非一定不能做的），把课改理念转化为生动的教育实践，把学校已有的各种设施、资源盘活了，使古老的因材施教思想落地生根。

散发着浓郁的乡土气息

知识的形成原本是一个对个别化的情境、"地方性知识"进行抽象、概括，建立独立于情境，具有普遍意义的模型、理论或规则的过程；政策的研制原本是一个在反复调研、论证的基础上，侧重对底线准则做出必要规定、反映共性要求的过程。与此相关联，教学要从具体情境出发，引导学生在知识发生的地方或相关情境素材中学习，而不是从远离学生日常生活的抽象模型、理论或规则出发。学生在学习活动中，不仅要基于自己的生活经验，感悟、理解基本概念、模型、原理，还要学会在特定文化场域、特定情境中灵活运用它，形成对该文化场域的认同感与自信，为该场域文化发展而服务，具有服务本领和服务意识，这就使得教学活动不能不带有个体性质和本土特征。优秀教学成果正是在个别化、校本化、地方化的加工过程中诞生的，而通常这种加工会散发着浓郁的乡土气息。

以河南省濮阳市教师姬彦忠等人的《"快乐三步球"研发与教学实践的研究》为例，它将北方农村常见的游戏——扔沙包，改造为一项用手进行传接配合，三步之内必须完成传接或射门动作的新型球类活动，即三步球。针对学生制作的沙包有大有小、有重有轻、各式各样，有些沙包的填充物（石子和玉米等重物）存在安全隐患等问题，姬彦忠等人进行了球的设计、球门设计、球场设计和比赛规则的设计，并在反复试验、测试中不断改进。如有一项规则是，借鉴篮球的"三步上篮"技术，在第三步落地之前必须将球传出或射门。这样既有利于体育教材之间的衔接，也有利于提高学生的跑位意识、配合意识和集体主义观念，把个人与整体的利益紧密地联系在一起，在潜移默化中逐渐改变现在学生单打独斗、以自我为中心的状况，更好地培养学生的团结协作精神，突出强调"配合才能前进，协作才能成功"的设计理念。学生在三步之内完成传接或射门的学习、训练和比赛的过程中，合理运用技战术，体验熟练掌握运动技能以及团队协作带来的愉悦感。这项运动有着技术易掌握、比赛易组织、活动易开展的特点，学生学练的积极性高，比赛具有很强的观赏性。[①]

我们再来看看球门的设计。他们最初根据场地大小，借鉴手球、足球等常规性球门的外形，设计了高 1.8 米、宽 2.4 米的长方形球门。在实验和推广过程中发现，这样的边框棱角与中学生的身高接近，在激烈的争抢和防守过程中，存在着安全隐患，且有利于进攻，不利于防守。经过反复的比较实验，他们最终设计出圆弧形状的三步球专用球门，并用红、黄、蓝三种颜色装饰门框，使球门更加醒目。（见图 1-2）如此设计简易、安全，便于农村学生开展活动。教育行政部门要求中小学广泛开展阳光体育活动，学生每天不少于 1 小时的体育锻炼，而具体锻炼的内容和形式不可能也不应该统一规定。这就需要学校和教师结合实际，因地制宜，创新实践。由此联想到伴随着新一轮基础教育课程改革，各地和各学校普遍加强了课程资源、实践基地

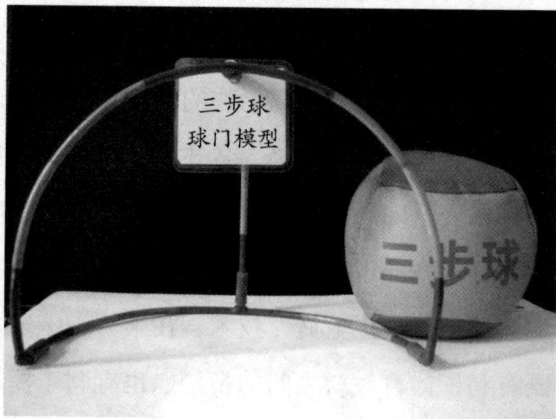

图 1-2 "快乐三步球"球门

---

① 参见 2014 年基础教育国家级教学成果奖获奖材料《"快乐三步球"研发与教学实践的研究》。

建设。有些地区集中资金建设综合实践活动基地,有的学校建起了一流的高端实验室,所花费的资金都不是小数目。什么情况下需要建立基地,配备相应的设施、设备,什么情况下不需要建立专门的基地,或者可以暂时不建?什么情况下需要购买专门的实验器材,什么情况下可以就地取材?这恐怕是一个需要认真思考的问题。有些尖端科学技术的学习和实践,离开了相应的设施、设备就无法开展。综合实践活动则强调从学生的真实生活和发展需要出发,将生活情境转化为活动主题,且尊重学生的兴趣、爱好、特长,鼓励学生从日常生活中发现问题,发现他人的需求,自主确定活动内容,设计活动方案等。成人将活动情境、主题、设施、设备等全都安排好,等着学生去活动,那学生还需要做什么?他们还有多少自主选择的余地?一切还是回到学生发展需要的原点进行思考。在简易且安全的条件下,学生自主活动,他们的好奇心、求知欲、合作意识、意志品质等,可能也会获得相应的发展,而学生如果被安排在远离日常生活的环境中,只是偶尔去活动一下,按照老师的布置填写几张表格,做相应的记录,我们所关注的那些素养不一定就能得到很好的培养。

从首届基础教育国家级教学成果奖获奖成果中,我们可以看到有一大批个性特色鲜明的成果:城市学校关注进城务工随迁子女适应性教育,农村地区建立留守儿童关爱服务体系;东部沿海地区教师将海洋资源引进学校课程之中进行海洋教育,西部边远山区教师则将少数民族文化纳入学校课程,进行民族团结教育;紧挨高校、科研院所的中小学与其共建共享现代高端科技实验室,让学生在科学家身边成长,远离高校、科研院所的中小学则尽最大可能挖掘科学课程的生活资源,突破实验教学的瓶颈,因陋就简,量材选用;等等。大家在同一个平台上展示自己的个性化教学成果。越是个性化的,也就越具有创造性;越是本土的,也就越有可能走出本土、走向世界。

从天下看本土

与此相关的另一个问题是，为什么有些人对生于此、长于此的本土资源的育人价值视而不见，而另一些人却独具慧眼、视为珍宝呢？这其中有着多方面的原因。比如，有些人有严重的媚外心理，总以为外国的月亮比中国的圆；或者与此相反，总是以自我为中心，排斥外来的一切。简单拿来也好，盲目排外也罢，说到底，还是一个视野、心胸是否开阔的问题。有了开阔的视野，才会有比较、识别，有新的发现、新的境界；有了开阔的心胸，才会接纳、包容新的成果。本土转化就是将陌生的理论进行本土实践，陌生的不单是他者的经验，还有对自己心灵深处的不了解，它本质上是一个对本地、本我重新认识与建构的过程。

清末的国子监祭酒王懿荣生病吃药，偶然发现开出的药方中一味叫"龙骨"（古代的乌龟壳和动物的骨头）的药材上面有字，这位研究中国古代钟鼎文的金石学家一眼看出这是非常遥远的古人记事的载体，这里有祖先的声音，他为后人发现甲骨文留下了重要的线索。发现本土资源价值的机遇只会留给那些善于思考且视野开阔的人，留给那些善于从天下看本土、从世界看中国的人。本土转化要有国际视野、天下情怀。

六、回到育人原点

如果你不知道自己要驶向哪个港口，那么，无论刮哪个方向的风对你来说都是无所谓的。如果你不知道自己需要什么，只是埋头做事，那你也谈不上真正完成这件事、实现它应有的价值。要明白自己做教研真正需要什么，则必须：真正理解你想要做的事，明确它的意义价值；搞清楚你所要做的事是否也是其他利益相关者所希望的，进而做好必要的沟通，获得支持，共同驶向目标中的港湾。

学校现实中，没有无目的的教学。有些人努力理解着教学的本质，不断追问着备课、上课、作业批改、个别辅导等日常教学活动的意义，试图通过对教学过程的观察、反思与改进，不断澄清日常教学的价值追求，创造更有意义的教学；另一些人可能不那么自觉，对教学行为背后的预设不理解其意义，没有真正想明白教学到底是怎么回事，口头说的、纸上写的与实际行动不一致，甚至完全相左。

从成果名称切入

教学及其研究活动到底在追求些什么呢？我们不妨从申报首届基础教育国家级教学成果奖的成果名称分析入手。成果名称是把握教学价值取向的一个较好的切入点，因为不少成果名称不只是揭示了改革的内容范围，还表明了其鲜明的价值导向，直接反映出改革者看重什么。下面是对2014年各省（区、市）教育行政部门推荐的1305项教学成果奖候选项目及417项获奖成果名称中部分关键词出现次数的统计。（见表1-2）

表 1-2　教学成果名称中部分关键词出现次数统计

关键词	候选项目名称	获奖成果名称	比例（%）
有效、高效、效率	100	12	12.0
自主、主动、自学	60	18	30.0
创新、创造、创意	53	18	34.0
探究、研究性学习	32	8	25.0
生命、安全	21	5	23.8
合作	19	4	21.1
育人	16	8	50.0
传统文化、经典传承	14	3	21.4
个性	12	5	41.7
民族团结、民族文化	12	4	33.3
习惯养成（培养）	10	1	10.0

续表

关键词	候选项目名称	获奖成果名称	比例（%）
愉快、快乐	9	2	22.2
关爱、爱	8	4	50.0
学习能力、学习力	8	1	12.5
综合素质	7	3	42.9
阳光	6	3	50.0
国际理解	5	2	40.0
公民意识、公民道德	3	3	100.0

各省（区、市）推荐的成果经过了层层申报、筛选，具有一定的典型性、代表性，是考察基础教育教学改革情况的一个好的样本。其成果名称中反复出现的关键词可以看作当前基础教育教学领域的热点词汇，而出现频率则是一个"改革价值优先序列"。排在前列的是改革开放以来一直倡导的"减负增效""培养自学能力"等，其次是新世纪基础教育课程改革倡导的"自主""合作""探究""创新精神"等，另外还有近年来进入人们视野的"生命安全""公民道德""传统文化""国际理解"等专题教育。来自一线教师的成果更多地聚焦课堂教学，追求"阳光生态课堂""思维碰撞课堂""道德课堂""活力课堂""有效（高效）课堂""智慧课堂"等不同的课堂形态。几乎每个方面都有成果获奖，这反映出国家级教学成果奖的包容性，对多种价值的包容；同时不难发现，不同价值取向的成果获奖比例差别较大，在一定程度上反映出国家级教学成果奖在价值导向方面的权衡与考量。

价值的识别、选择与创造

教学成果培育过程本质上是一个教育价值的识别、选择与创造的过程。其中，价值识别、选择可不像走路、购物、航行那么简单，因为教学活动涉及不同的利益主体，各自诉求不一，诸多诉求可能相互矛盾、难以兼顾。不同的人或者同一个人不同时期对同一价值理念（符号）的认识也会有所不同，需要不断澄清、反复辨别，提升对其内涵的认识。比如，尽管大家都很看重"公正"（社会主义核心价值观之一），但不同的人对"公正"的理解可能千差万别：有的强调为每个人提供均等的学习机遇和条件，提供同样的课程教材，有的则要求有更多的选择空间；有的坚持用一把尺子衡量人，这才公正，有的认为不同的人用不同的尺子来衡量，这才公正；等等。再如，对于"乐学"，大家也许都接纳，但不同的人实际想法是不一样的：孩子心中的"乐学"可能就是少做作业、多玩；不少家长心中的"乐学"是现在吃苦，才有将来的快乐，所谓"吃得苦中苦，圆梦'985'"；而专业人士心中的"乐学"是指学生迷上了所学内容本身，体验到学习过程的快乐；等等。

在教育价值问题上，不只是识别、选择，更重要的是在教学实践中创造价值。比如你要把你所认同的教育公正（如课堂公正、评价公正、招生公正等）创造出来，在创造过程中实现价值，同时也深化了对特定教育价值的体认。所谓实现价值，也就是将抽象的价值观念转化为看得见、摸得着的价值形态。

今天的中国教育，几十年的高速发展催生出多样的教育言论、繁杂的教育主张。在教育价值的识别、选择和创造的过程中，要特别注意处理好内生价值与外在效用（要求）、个人利益与公共价值、历史传承与时代要求、眼前利益与长远效应之间的关系。要强调根深本固。根深则叶茂；本固，末才得以发育畅达。重本非轻末，而是令"末"有所成之道。皮之不存，毛将焉附？坚持人本立场，以具体的学校情境中的活生生的人为本，而不是以抽象空洞的"一般的人"为本；以人的自由、幸福，生活得有意义、有尊严为本，而不是以身外之物，如权力、地位、财富为本；以向未来开放、不断生成的过程（期待儿童的成长）为本，而不是以某种固定不变的模式为本；以人的根本利益、终身发展为本，而不是以眼前的利益、扭曲的欲望为本。强化核心价值，通过一元引领多样，激发个人内在需求，提升自我反思能力，不断反思个人需求与公共价值之间的关系是否和谐、是否合拍。"万物各得其理，然后和。"（出自《通书》）限制思想的具体内容与表达方式的多样化，共同利益、核心价值就会失去具体生动的载体，失去发展的生机和活力，变得僵化死板、苍白无力。此外，也不排除个人的、多样化的价值表达中也有与主导的、核心的价值观不和谐的，甚至是完全相悖的，需要仔细加以识别。

有一项教学成果针对长期以来学生英语高考分数不高的问题进行了英语浸入式教学实验。所谓英语浸入式（English Immersion）教学是指用英语作为教学语言的教学模式，自小学一年级开始，儿童在校的全部或部分时间被"浸泡"在英语环境中，教师只用英语与学生交流，不但在课堂上教授英语，而且用英语讲授学科课程和综合课程，将英语教学扩展至科学、计算机、美术、音乐、体育、品德及有关校本课程（所谓"英语教师学科化，学科教师英语化"）。英语不仅是学习的内容，而且是学习的工具，养成直接用英语思维的习惯。该实验教学坚持了 16 年之久，从少数学校逐步扩大到近 100 所学校，各年级实验班综合考核排名第一，应该说在提高学生英语能力方面取得了显著成绩，但这种做法导致了外语与母语学习关系的失当，忽视了长期的英语思维方式对汉语学习、文化认同可能带来的负面影响（与《国家通用语言文字法》有关规定冲突）。也就是说，教学实验者在创造自己看重的价值的同时，丧失了其他重要价值，不能被其他利益相关者认同。不知道该成果实践者十多年来有没有思考过这个问题。

育人为本的教学

人类社会发展之初，年长者在日常生活和生产实践中向年幼者传授知识经验，教育与教学原本融为一体。中国古代教育思想中的"博学之、审问之、慎思之、明辨之、笃行之"，既可以解释为教育过程、德育过程，也可以解释为教学过程。近代社会，"西学"进入中国学校，学者用"体用"关系来界说中学与西学的关系，这不仅意味着教育内容的拓展，而且有了教育与教学的分化。及至后来推行班级授课制，促成了教学与一般教育活动的分化。教学一旦从一般教育活动中分化出来，也就有了自己的特点。比如：不只是在日常生活和生产实践中进行，而且比较多地在专门的课堂中学习；不只是零散的、随机的学习，而且有了比较系统的目标、内容、评价的设计；不只是一般成人的示范帮助或者自学，而且有了专门的教师指导（教导）；等等。这或许就是"教育中的教学"的底线要求，也就是说，取消了这些底线要求，教学就回归到一般教育活动中去，丧失了独立存在的根基。而当教学活动遭遇百年来的分科教学的惯性，遭遇应试教育模式，有关特点却被不恰当地放大，如将教学窄化为智育过程（认知学习过程），将学科知识体系、学业考试成绩放到最重要的位置，出现了"见分不见人""招分不招人"的现象，教学活动原本具有的综合育人宗旨在许多场合被遗忘了，于是有了充分发挥学科的育人价值、发挥教学过程的育人功能问题，并且这一问题在当前来讲，显得十分突出。

教学成果中出现的问题之一是教育现代化过程中出现的德育与智育断裂的问题。它促使我们回到教学的原点思考：无论是单一学科的教学，还是整个教学活动，它们从何而来？现在何处？又走向哪里？真正的教学原本就是关于人的成长的一种特有的承诺（如比在日常生活中成长得要好，比在一般生产劳动中学习得要好），育人并非教学活动的外在规范、附加值。教学源于一般教育活动，而又高出一般日常生活中的教育活动，是为人的成长提供更有意义的教育经历。如果教学活动及其研究没有了对人的健康成长的承诺，丧失了育人价值，那它还有什么意义呢？如果教学活动及其研究忘记了教育价值的识别、选择与创造，那么它还可能有积极意义吗？

回到本章开头所举的案例，作为一所比较偏僻的农村初中，有那么好的质量和信誉已然不错，但从目标定位上，确有调整的必要和提升的空间。首先，要把分层与合作区别开来。分层与合作对待学生的个别差异有不同的思路。初中教学要着重打好共同基础，促进全面发展，不宜过分强调分层，彰显分数至上（因为分层通常是以分数为依据的）。其次，要关注留守儿童的特殊发展需要，基于学校中80%的学生为留守儿童这一情况，做好留守儿童教育这篇大文章。通常对留守儿童的关爱主要发生在课堂教学之外，搞些结对帮扶、手拉手、亲子沟通等活动，而对课堂教学这一主渠道改进不够。与强调竞争的一般教学不同，合作学习的价值绝不只限于提高学业成绩及思维能力等，还在于促进学生社会性发展，给学生以必要的情感认同，使之有归属感，使学生充分感受到学习过程中班集体的温暖。如果以教学过程中伙伴关系的重建为重点，强调课堂教学在认知教学的同时，营造合作共建的班级文化，关注学生社会性发展的需求和情感需要，满足留守儿童渴望的归属感，塑造他们的健全人格，其立意会更准、更高，有了一种新的教学改革定位。

回到育人为本的初衷，我们需要反复问自己这样两个问题：

一是教学目标中有些见效快，如学科知识的查漏补缺等，有的见效慢，一时看不见什么进步，如学科思维方式的培养、学生健全人格的塑造等，在行动上我更注重什么？

二是当课堂教学比较顺手、省心的时候，我愿意在那些不顺手、可能有风险的地方开展活动吗？如组织学生开展考察探究、志愿服务活动。我会在问题学生转化教育等方面投入更多的时间和精力吗？

第二章　理清思路

某中学 20 年前就开始进行高效课堂改革，形成了课堂教学的"271 模式"，即 20% 的时间用于教师点拨，70% 的时间用于学生自主学习、合作探究，10% 的时间用于学生总结反思。后来该校在研究中提出，20% 的知识自己学会，70% 的知识合作学会，10% 的知识老师引导学生学会。之后该校还提出 20% 的因素是智商，70% 的因素是情商，10% 的因素为行商。现阶段该校提出以两大共同体（以专业发展为核心的教师共同体和以学生为中心的学习共同体）建设为保障，以七大领域课程为抓手，完成每一个人的整体发展。该成果实践成效显著，在同行中影响较大，但在评审时争议不小，其主要原因是学校在不同时期提出的四个"271"不在同一个层面，没有统一的思想贯穿，改革的思路不清，缺乏连贯一致的设计，也很难构成一项完整的成果。

在这一章中，我们共同思考改革的思路问题，主要关注这两个问题：

★ 思路是怎么来的？

★ 思路清晰的外在标志是什么？

在明确方向、找准问题的基础上，需要进一步破解问题、理清思路，形成有创见的问题解决方案。教学成果的创造性主要表现为思路独特、合理，切实可行，具有可检验性。

一、看不见的竞争力

什么样的教学成果才有竞争力，能够在众多的实践探索中脱颖而出？要回答这一问题，我们不妨从屠呦呦获奖说起。

为什么是屠呦呦？

疟疾为世界公认的热带病之首。据统计，全球 97 个国家与地区的 33 亿人仍面临着疟疾的威胁，其中 12 亿人生活在疟疾爆发的高危区域，这些区域的患病率有可能高于 1/1000。统计数据表明，2013 年全球疟疾患者约为 1.98 亿，疟疾导致的死亡人数约为 58 万，其中 78% 是 5 岁以下的儿童。90% 的疟疾死亡病例发生在重灾区非洲。

2015 年诺贝尔生理学或医学奖获得者之一——屠呦呦在人类征服疟疾的历史上到底贡献了什么？为使越南战场上的军人免除疟疾的威胁，1967 年 5 月 23 日，代号为"523"的疟疾防治药物研究项目正式启动。两年后，屠呦呦从中医研究院中药研究所加入项目组。在她之前，北京中医研究院已经有研究者用自己提取的结晶进行了临床试验，结果不够理想且副作用较大，而中医研究院余亚纲等人已经发现了青蒿的抗疟疾作用。屠呦呦通过翻阅历代本草医药典籍，四处走访名医，在 2000 多种药方中整理出包括青蒿在内的《抗疟单验方集》，可在最初的动物实验中，青蒿的效果并不理想，她也曾一度陷入僵局。

到底什么环节出了问题？她再次将目光转向古老的中国智慧，重新在医药典籍中细细查找。突然，葛洪《肘后备急方》中的话抓住了她的目光："青蒿一握，以水二升渍，绞取汁，尽服之。"她马上意识到问题可能出在常用的"水煎"上，因为高温会破坏青蒿的有效成分，随即她另辟蹊径，采用低沸点溶剂进行实验。在 1971 年下半年，她提出用乙醚提取青蒿的有效成分，实验结果表明其提取物抗疟作用达 95% ～ 100%。具体实施分离纯化青蒿素的并不是屠呦呦本人，而是她的研究小组成员钟裕荣。屠呦呦的贡献在于将传统的"水煎"方式改为低温提取，用乙醚回流或冷浸，而后用碱溶液除掉酸性的方法制备样品。她所在的研究小组还对青蒿素的化学结构进行探索，通过元素分析、光谱测定、质谱及旋光分析等技术手段，确定了化合物分子式、分子量，明确了青蒿素为不含氮的倍半萜类化合物。

2015 年诺贝尔生理学或医学奖得主为什么只是屠呦呦，而不是那些已经发现青蒿素抗疟作用的研究者，或者是具体进行分离纯化技术操作的实验人员，或者是"523"项目团队？因为是她首次提出用乙醚提取青蒿素的思路，而这在抗疟新药青蒿素的研发过程中起到了关键性作用，使难题得到了破解。

有创见的思路

有了问题，如何解决？有了目标任务，如何去实现？思路成了关键。思路是指实践探索的内在逻辑（也称技术路径）：从哪里出发？如何一步步往前走？采取什么方式、经过哪些节点（关键点）才能顺利到达终点？它比具体的方法、策略、技术、途径更重要，是它们的上位概念。人们通常说的方案是思路的外化和具体化。在现实困境或未来挑战面前，思路决定着出路。有正确而清晰的思路，才会有摆脱困境的有效方案和目标任务的顺利达成。人们常说的"一筹莫展"或者"劳而无功"是思路缺乏或思路不清的表现，所谓"以理服人"并不是讲大道理。正如在那个特殊的年代抗疟如何重要不必多讲，在今天，立德树人如何重要也不必多说，重要的是如何攻克它，以清晰的思路服人。好的思路是看不见的竞争力，它是研究者智慧的结晶，是拓荒者心中的路标。没有思路，就会像笼子里的公牛，只会在笼子里打转转，四处乱撞，走不出去。

　　优秀教学成果是一流实践探索思路的集中体现，是对问题的深刻洞察和对人的成长规律及教育教学内在规律的深刻把握。比如，创新教育喊了许多年，不少地区、学校仍在忙着开发创新方法课、技术发明课等，对学生进行专门的创新能力（技能）训练。其实，创新不在日常课程教学之外，而应融入日常教育教学活动中，也没有什么全知全能、包打天下的方法技术。与流行的创新教育不同，通过对我国高中教育未来发展的定位分析，以及对国际教育的实践比较，上海中学将创新素养培养的突破口放在促进高中生（尤其是资优生）的志向、兴趣、潜能的匹配上。高中阶段是学生志（志向）、趣（兴趣）、能（潜能）形成的关键期，而他们在成长过程中普遍存在"志"不高、"趣"不明、"能"不强的问题。这个问题成为这一阶段创新素养培育必须突破的瓶颈。在国际视野下探索我国高中生创新素养培育的有效路径，上海中学经历了一个不断探索、实践、研究、反思、深化的过程，逐步形成了"聚焦志趣、激发潜能"的发展思路："志"是让学生将发展的志向与对社会的理想、信念、责任及一定领域联系起来，激发内在动力；"趣"是让学生在多样兴趣体验基础上逐步聚焦，促进个性化知识构成，形成创新素养培育的重点领域；"能"是让学生在兴趣聚集领域的基础上，形成未来发展的指向性领域，个性化地发展其优势与创新潜能。创新本来是个性化的，每个学生的志、趣、能是有差异的。学校多年来的实践探索始终关注识别和开发学生的优势潜能，促进学生的志趣聚集领域与优势潜能领域的匹配，基于该领域提升他们的创新思维、创新人格，课程开发、教学与评价以及学生发展指导、数字化校园建设等，都是为此目标服务的。它与整齐划一、程序化的批量训练路径有着本质上的区别，敏锐地抓住了创新素养培育的要害。（见表 2-1）①

---

① 参见 2014 年基础教育国家级教学成果奖获奖材料《聚焦志趣、激发潜能：国际视野下上海中学高中生创新素养培育实践研究》。

表 2-1　创新人才培育的四个领域、八个维度

四个领域	八个维度
激活内在活力	志趣、责任和理想境界
	兴趣和潜能的匹配
创新思维	思维的批判性和深刻性
	思维的活跃性和缜密性
创新人格	钻研与痴迷
	坚韧性
基于志趣聚集的发展指向性领域	个性化的知识构成
	基于一定领域发展的可持续性

再如，北京大学附属中学张思明老师将虚拟课堂与真实课堂结合起来，打出数学建模组合拳。（见表 2-2）

表 2-2　数学建模与双课堂的关系

选题	以虚拟课堂为主
开题	以真实课堂为主
做题	以虚拟课堂为主
结题	以真实课堂为主

在数学建模过程中，选题以虚拟课堂为主，任务是学习网上提供的资源包，梳理知识，形成问题，在小组里交流，最后形成小组集体计划做的小课题。开题以真实课堂为主，现场交流，网上评价，任务是经过小组内外的学习讨论，初步理出解决问题的思路或技术路线，最后形成开题报告，在真实课堂上讲演答辩。做题以虚拟课堂为主，师生在网上交流解惑，任务是全组分工合作，共同完成建模任务，最后形成一系列成果。结题以真实课堂、现

场交流、网上评价为主，任务是提交小组研究成果，收集同学评价，进一步修改完善成果。在教师指导下，在真实课堂组织交流汇报答辩会，给出评价意见。[①] 数学建模是把复杂的实际问题简化、抽象为合理的数学结构的过程，对教师和学生的挑战都很大。将真实课堂和虚拟课堂结合起来，发挥各自的优势，无疑有助于师生开展自主研究、共同攻坚克难。在这里，"双课堂"是思路的创新，也是该成果最大的特色。技术赋予了我们力量，但它无法告诉我们如何使用这种力量，该成果有效利用了这种力量。

顺便说一下，原创性的思路对于优秀教学成果的形成至关重要，有关奖励要重点体现对原创者的尊重和对知识产权的保护（发明创造离不开对知识产权的保护）。首创也好，原创也罢，只能是少数。可能也有许多人为某项成果的形成付出了很多，但其与首创者的劳动有本质上的差别。首届基础教育国家级教学成果奖获奖成果中，一等奖以上的成果中有 20 项是以单位名义申报的，占总数的 20%，可能这样申报也是无奈之举。教学成果奖的申报和评选是否可以从诺贝尔奖的评选中借鉴些什么？

二、走出"路径依赖"

本章开头的案例中，学校 20 余年的课堂改革研究始终没有超越固化的、缺乏必要科学依据的"271"模式，这样的改革也就很难有所突破。我们要坚守的是改革应有的价值目标、理想信念，而不是固守僵硬死板的框框，理清思路要从打破僵化的条条框框起步。

穿越"时间隧道"

现代铁路两条铁轨之间的标准距离是 1.435 米，为何如此？原来，早期的铁路是由建电车的人设计的，而 1.435 米正是电车所用的轮距标准。那

[①] 参见 2014 年基础教育国家级教学成果奖获奖材料《中学数学建模"双课堂"教与学的实践研究》。

么，电车的标准又是从哪里来的呢？最先造电车的人以前是造马车的，他沿用了马车的轮距标准。而马车又为什么要用这个轮距标准呢？原来，英国马路辙迹的宽度就是 1.435 米，如果马车用其他轮距，它的轮子很快会在英国的马路上损坏。而英国马路辙迹的宽度又是从何而来的呢？从古罗马人那里来的。因为整个欧洲，包括英国的老路都是由古罗马人为它的军队铺设的，1.435 米正是古罗马战车的宽度。任何其他轮距的战车在这些路上行驶的话，轮子的寿命都不会很长。那么，古罗马人为什么以 1.435 米作为战车的轮距呢？原因很简单，这是牵引一辆战车的两匹马屁股的宽度。故事到此还没有结束。美国航天飞机燃料箱的两旁有两个火箭推进器，因为这些推进器造好之后要用火车运送，路上又要通过一些隧道，而这些隧道的宽度只比火车轨道宽一点，因此火箭推进器的宽度是由铁轨的宽度决定的。最后的结论是：美国航天飞机火箭推进器的宽度是由两千年前两匹马屁股的宽度决定的。人们常说的"时间隧道"是什么样的？我原来对它的认识总是抽象的、模糊的，上述故事让我感到它是那样真实地展现在我的面前。每次乘坐火车，就是穿越在"时间隧道"里。

人们一旦进入某一路径（无论是"好"还是"坏"），随着时间延续，就可能对它产生依赖。一旦做了某种选择，就好比走上了一条"不归之路"，惯性的力量会使你对这一选择不断自我强化，不让你轻易走出去，这便是路径依赖（Path Dependence）。它最初是 1993 年诺贝尔经济学奖获得者道格拉斯·诺斯用来阐释经济制度演进的，后来人们发现它广泛存在于社会生活的方方面面。比如，在人才选拔上，汉文帝为举荐上来的贤良出题考试，让他们对"朕之不德，吏之不平，政之不宣，民之不宁，四者之阙，悉陈其志，毋有所隐"[1]，答策写好后密封，由皇帝亲自拆阅，评定高下。后

---

[1] 出自《汉书·晁错传》。

来，察举贤良方正，一般要经过策问。到了汉顺帝时期，增加了孝廉考试科目，有了儒学、文吏、孝悌、能从政者四科。两晋时对所举的孝廉、秀才一律进行考试。公元606年，隋文帝创立进士科，策试诸士。之前朝廷选士先由州郡保举，再由皇帝策试，注重评议是否合乎孝廉标准。而隋朝则是州郡通过选举与考试结合的方式选拔进士，朝廷经过考试最后决定是否选用，侧重文辞。学界将此作为科举制度之开端，直至清末，一千三百余年间，这种主要以考试来选拔文官的方式基本未变。而现在的中考、高考，也沿用了这种考试为主的选才方式，只是考试对象、内容、要求等有所不同罢了。在教育教学领域，多有此类上百年甚至上千年按已有惯性运作的情况。所以说，在许多情况下，人们过去做的选择决定了他们现在可能的选择，历史的惯性力量是巨大的，大到有时超出了我们的想象。

致命的"路径依赖"

沿着既定的路径，社会政治、经济、文化的发展可能进入良性循环的轨道，既获得优化，又减少成本，带来稳定，也可能顺着原来的错误路径往下滑，甚至被锁定在处境危险的状态中而不能自拔，于是有了所谓"改革"，甚至"革命"。对于教学成果的培育而言，"路径依赖"有可能是致命性的。

第一，在今天这样一个全球化时代，不同国家或地区的教育面临着的问题和挑战乍一看差不多，而实际上问题产生的社会背景不同、根源不同，问题的表现千差万别，具体情况各不相同。别人的经验可以借鉴，但是不能完全照搬，因为我们有自己的社会历史和文化传统，有自己的省情、县情、校情。简单地用别人的理论来解释自己的问题通常行不通，更谈不上用它去破解问题。在这一学校有效，不等于在其他学校也有效；在这个地区行得通，不等于在其他地区也行得通。最糟糕的是"看着苹果（西方）来认识橘子（中国）"，用"苹果"来衡量"橘子"，希望中国的"橘子"能够演变为西方的"苹果"。[①] 中国公益研究院曾邀请美国印第安纳大学筹款学院的教授来中国，为中国学员讲授筹款管理和实践这一课程。课中安排答疑环节，学员一下子递给美方教授60多个条子。美方教授愁眉苦脸，因为其中大部分问题在美国从未遇到过，在筹款问题上中美说不到一块儿去。原因何在？在中国过去几年，来自企业的捐款占捐款总数的70%，而美国的数字正好相反，个人捐款在70%左右，这恰是问题的关键！[②] 今天，高考综合改革很艰难，特别是综合评价、多元录取的问题，西方大学多年来的招生实践积累了一套比较完整的经验做法，将这些经验照搬到中国，却出现了种种问题，原因就在于国情不同、办学体制差别大。

第二，教育教学中许多实际问题由来已久，如学生课业负担重、健康状况不佳、实践能力不强、创新素质不高等，这本身就说明了过去的思路、方式有问题、有缺陷，不能或不足以很好地解决问题。如果老路子有效、老法子有用，这类问题就不应该重复出现、反复上演。如针对中小学生课业负担过重的问题，多少年来我们制定了那么多行为规范，更多地依靠外在监督进行调控，这已经被实践证明效果不大，沿用这一思路不能从根本上破解难题。顺便说一下，谈及中国基础教育的问题，并不是说它一无是处。中国部分省市参加PISA（国际学生评估项目）测验，取得了较好成绩，在国际上得到较高评价。近年来英国等西方国家开始引进中式教学，组织翻译使用上海的数学教材，中国的教育正逐步走向世界的舞台。法国作家加缪说过，对人的境况，绝望的是懦夫，希望的是傻子。与人密切相关的教育的境况是不是也如此呢？

第三，实践研究本质上要求创新，尤其是思路上的创新。没有创新，完全走老路，那便是复制，还需要试点、需要探索吗？教学改革实践同其他实践探索一样，最怕的是思想被奴役、思路被控制、机制被掐死，没有了想象

---

① 郑永年.通往大国之路：中国的知识重建和文明复兴[M].北京：东方出版社，2012：3.
② 匡冀南.如何走出公益筹款的怪圈？[N].南方周末，2017-02-23（B16）.

力和创造力，陷入缺乏生气和活力的"路径依赖"之中而难以自拔。从历史的角度看，一切历史都是思想的历史，而行为只是思想的外部表现。我们对已经发生的教育的思考不同于对自然的研究，不只是要回顾做了什么，而且要了解想做什么。这样的思考也就成了有目的的思考，成了反思，成了改进后续行为的先导，也就是在创造着新的教育、新的历史。从严格意义上讲，有反思的教育不可能是对过去的简单复制，它本质上也是具有创新性质的。

或许由于我们自己少了反思，同时可能把"受教育者"也视作被动者，于是，就有了学校教育教学中严重的"路径依赖"。比如，时代的发展、科技的更新、社会的进步不断对学校提出新要求，教育也因此而不断出现新内容：法治教育、创新教育、生态文明教育、安全教育、信息技术教育、预防艾滋病教育、知识产权保护教育、非物质文化遗产教育等。此类专题教育大小不一，数量众多，多达几十个（随着时间的推移，还会更多），且都有现实意义，不是可有可无的。中小学如何落实这类专题教育呢？各方面的思路竟然是一致的：进学校、进课程（或者进教材）、进头脑。如何保障"三进"呢？有专门的课时、教材、教师、考试评价，即所谓"四个落实"。特别是要求学校必须开设专门的课程，否则就是不重视、不到位、不落地。如此，中小学每周约30个课时用来进行这类专题教育恐怕还不够。按照这样的思路开展专题教育，不仅学校课程越来越碎片化，而且连文化基础课也没有了基本的课时保障，这会从根本上改变基础教育的性质。

中小学校可能成了现代景观中为数不多的"老房子"，哪些该装修保留，恢复它的原貌原样，哪些该另辟蹊径、拆迁重建？这让我想起王安石的那首诗：

爆竹声中一岁除，春风送暖入屠苏。

千门万户曈曈日，总把新桃换旧符。

三、思路从问题分析中来

思路从何而来？从根本上讲，它来自对问题的分析。你对面临的问题（或挑战）的分析到了哪儿，你破解问题（或迎接挑战）的思路就会到哪儿。对问题的分析越深入，破题的思路就会越明晰。

正说问题分析

21世纪初，新一轮课程改革启动不久，湖北宜都市陆城第一小学召开了一次学生家长会。会上，一位家长激动地说：品德课最好不要开，因为学和不学都一样，就是在课堂上"玩一玩""闹一闹"，孩子在家里没有什么变化，不如拿来学习语文。

家长的意见是很尖锐的，问题到底出在哪儿？由当时学校副校长邓正平牵头的品德课教师团队，针对家长的意见进行了研讨。大家对小学1—2年级品德与生活课程标准和小学品德与社会课程标准的内容要求进行了全面梳理和分析，结果发现：教育部印发的小学1—2年级《义务教育品德与生活课程标准（2011年版）》43条教学内容中，有18条讲的是行为规范、文明礼仪和安全自护，约占总数的五分之二；小学3—6年级《义务教育品德与社会课程标准（2011年版）》52条教学内容中，有25条讲的是行为规范、文明礼仪和安全自护，约占总数的二分之一。小学品德课的教学内容与学生日常行为养成教育有着不可分割的交集。要让学生在品德课堂中学有所获、学有所用，就必须强化下面这些交集（见图2-1），扩大交集里的内容，特别是强化良好日常行为习惯的养成，而不只是停留在口头上，或者只是课堂上"玩一玩"。[1]这一梳理和分析明确了问题的症结及品德课教学改进的三个重点：行为规范、文明礼仪和安全自护。

---

[1] 参见2014年基础教育国家级教学成果奖获奖材料《小学品德课"砥砺养成——知行合一"教学实践与研究》。

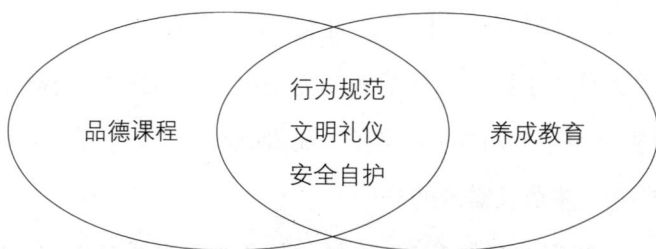

图 2-1 小学品德课教学内容结构

接着，他们还对三大重点内容之间的关系做了进一步分析，发现三者间有相互补充、相互支撑的关系："行为—文明—生命"三位一体。（见图 2-2）在分析三者关系的基础上，品德课教学研究团队研制了具体的小学养成教育内容序列。这一分析让大家对有关内容有了更加深刻的理解和整体把握，也使有关内容要求变得可操作。

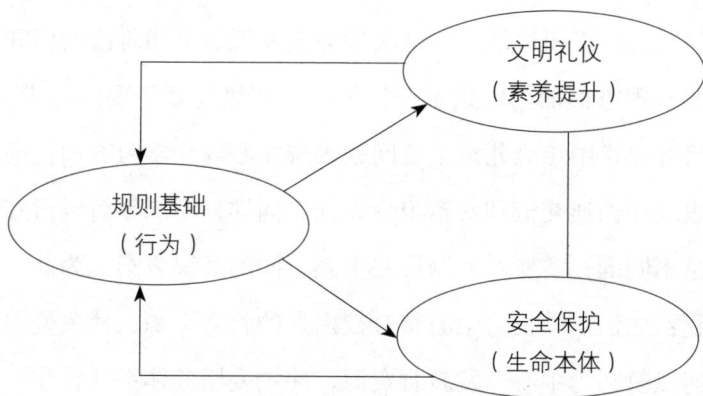

图 2-2 小学品德课教学内容三要素结构关系

有了对问题的分析，也就有了破解问题的思路：探索开放式品德课教学课型（具体包括案例感悟明理、行为诊断评析、现场指导训练、课外拓展强化等环节）、实践活动课系列（"文明马拉松十二加油站"，每名小学生在十二站中接受六十项文明礼仪的细节操练与养成教育）及"一袋四卡"评价系统（成长档案袋和评价卡、成绩卡、荣誉卡、知心卡），着力将课内认知学习和课外体验践行之间的壁垒打通，让孩子经历完整的品德教化过程，实现知行合一，养成品德素养，提升文明水平。

邓正平等人从基于课程标准的教学需要出发，对国家课程标准的内容和要求进行梳理，明确教学改进的路径，而贵州财经大学教育管理学院肖庆华等人则注重留守儿童成长需求的分析①。

贵州省农村留守儿童约有 70 万人，大多处于边远贫困的山区，那里路弯山陡，下雨天还经常出现山体滑坡。长期到偏远山区学校调研是一件很不容易的事情，它考验着一个人的决心和毅力，考验着一个研究者的社会责任。2008 年以来，肖庆华走访了贵州省四分之一的地方，去过那些当地教育局工作人员都没有去过的偏远的山区小学。在调研中他发现留守儿童的身心发展状况堪忧，特别是小学阶段的留守儿童，由于年龄小和缺乏相应的照顾及引导，身心发展问题十分突出。通过问卷调查、访谈和实际观察以及关于留守儿童问题的多次研讨活动，肖庆华等人发现，不同阶段的留守儿童在品格、学习和心理方面的问题是不一样的：低年级儿童主要问题表现在安全、卫生和品格方面；中年级儿童主要问题表现在心理和学习方面；高年级儿童主要问题表现在沟通交流和女童卫生方面。同样，不同年龄段留守儿童的品格问题也是不同的，需要对其制订并实施不同的解决方案。为此，要深入探讨以下问题：如何以学校为中心整合校内外的教育资源，使关爱服务体系校本化；如何以教师为中心开发教育资源，使关爱服务体系课程化；如何以留守儿童为中心组织并实施课程，使关爱服务体系生本化。整个探索过程的设计框架、路径选择和方法途径具体如图 2-3 所示。

---

① 参见 2014 年基础教育国家级教学成果奖获奖材料《农村留守儿童关爱服务体系的校本课程化探索》。

关爱服务的空洞化　——研讨法 对策——→　教学资源校本化

行动研究法　解决　　　　　　　　深化｜分析法

校本课程体系　←——整合 综合法——　教学资源课程化

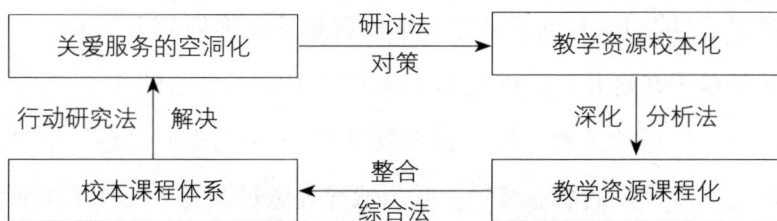

图2-3　留守儿童关爱服务体系研究路径

　　基于上述调研分析，项目组研发了留守儿童安全卫生教育方案、品格成长帮扶计划、学习促进进步方案、心理关爱资源包、沟通交流促进活动、女童生理卫生教育行动指南等，构成了留守儿童关爱服务体系成果的主要内容。

　　细心的读者不难发现，所谓思路实质上是关于破解问题的假说。品德课如果要解决课堂上"玩一玩""闹一闹"的问题，就必须强化行为指导，并延伸至课外；如果要解决留守儿童安全、卫生、品格等方面的问题，就需要有相应的安全、卫生、品格帮扶计划等。只不过这类假说不是抽象的、概念水平上的"理论假说"，而是用以解决实际问题的"工作假说"。无论是"理论假说"，还是"工作假说"，都必须建立在关于问题的科学解释的基础上，或者说建立教育目标和教育手段之间的系统关联。尽管我们对这种内在关联还没有十足的把握（为此，我们要小范围试点，接受实践检验），但至少有相关理论和事实的支持。这样的试点才是有依据的，不是盲目拿儿童做试验。

反说问题分析

　　在实践中最有可能出现的问题是，对具体问题表现及症结的"拉郎配"：那些个"儿郎"都很漂亮，就是与自己不匹配。

　　有一所城乡接合部的郊区小学，每到开学，校长最烦心的事就是分班问题。为什么？因为社会背景不同的家长诉求不同。A家长振振有词："我们都受过高等教育，我们不想让孩子与那些农民和小贩的孩子在一起。"B家长怒气冲冲:"咱们家有钱,来你们学校就是冲着你们的名气来的,弄一大帮农民工的孩子在这儿,不怕把牌子砸了?"C家长忧心忡忡:"把这些差异这么大的孩子放一块儿教,这可怎么教呀?"……老师们也怨气十足。学校对学生家庭主要成员的职业背景、学历状况等做过调查,发现了生源结构上的"四分之一"现象,即公职人员子女、住高档住宅区人员子女、失地农民子女、进城务工人员子女各占学生总人数的四分之一。四类家长群体社会背景、教育诉求不同,学生素质也有较大差别,如何让就读于同一所学校、同一个班级的所有学生都能平等和谐相处、共同成长呢?校长最烦心的问题实际上是中国农村城镇化过程中随着人口流动性增强而出现的新问题,且带有一定的普遍性,在未来社会中会变得更加突出。学校针对这一问题进行融合教育的研究和实践探索,应该说是非常及时的,富有前瞻性,且有一定的挑战性。

如何破解这一难题、进行融合教育呢?学校决定从"品行""文化""心理"三个方面展开,建构了内部支持和外部支持两大系统。(见图2-4)

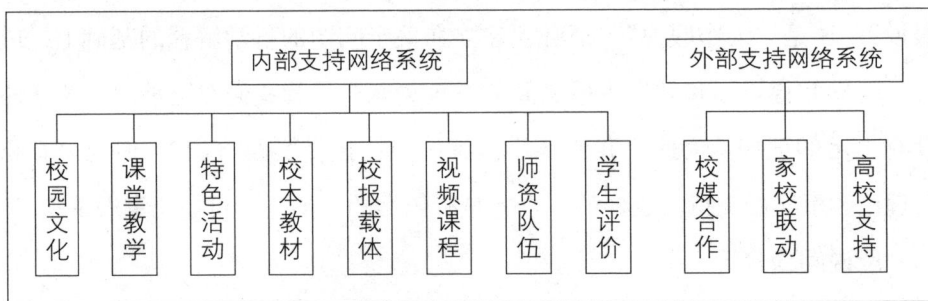

图2-4 小学融合教育支撑体系

其中,学校不乏有一定针对性的举措,且有一定的力度。如"四个一"特色活动,即每月一场音乐会、每月一次书画展、每月一个学科活动、每月一场专题报告会,让家庭背景不同的孩子都能充分展示自己。孩子可以在活动参与中,在彼此欣赏中,渐渐融合成长。但细读一下,不难发现其中的拼凑痕迹，显得有些庞杂无序。"品行""文化""心理"三个内容体系之间是什么关系？"课堂教学""校本教材"等八个内部支持系统之间又是什么关系？"英语配音大赛""小主持人大赛""我与奶奶一起成长""摄影比赛"等活动与融合教育存在怎样的内在关联？进一步深究，疑问会更多：内容体系为什么是这三个方面，而不是其他方面？为什么内部支持系统是八个，而不是七个或九个？对此，一时还没有答案。

可能没有答案的主要原因在于我们对不同家庭背景学生融合的主要障碍在哪里、突出表现是什么、问题症结是什么等，还缺乏比较深入的分析研究。如它主要表现为家长彼此不接纳，还是孩子彼此不融洽，还是两者兼而有之？如果主要表现为家长的先入为主，那么，上述主要针对孩子的内部支持举措恐怕会因为忽视了矛盾的主要方面、弄错了对象而难以生效。教育领域经常出现这类"成人生病，孩子吃药"现象。可能是成人（包括家长和教师）自觉不自觉地给不同家庭背景的孩子贴上了不该贴的标签，如"富家子弟见识多、聪明""穷家子弟品行不良""流动儿童习惯差"等，影响着孩子的身份认同、自我认知。再如，不同群体的家长或学生具体有着怎样的诉求？这些不同的诉求中哪些是可以兼容的，哪些有着根本的冲突？从排斥走向接纳需经历哪些关键环节或阶段？熟悉不等于理解，理解不等于接纳。我们有没有从熟悉走向真正理解？有没有进一步从理解走向彼此接纳？如果能够逐步澄清上述问题，问题解决的思路也会变得清晰起来，不至于出现上述"拉郎配"现象。

四、重温布卢姆的"掌握学习"

儿童不是任人摆布的化合物或"小白鼠"，我们是与儿童一起试验探索，而不是拿他们做实验对象。要尊重儿童及家长的权益和意愿，向他们说明教学改革的意图，和他们一起协商解决教学试验中的问题。同时，要增强改革的科学预见性，对促进儿童学习的"工作假说"、方案进行反复论证，慎重做出有关决策，对他们的健康成长负责，不要简单拍脑袋，避免给他们造成任何伤害。在此，我们不妨重温布卢姆关于"掌握学习"的实验假说是如何形成的。[①]

"掌握学习"实验假说的形成

布卢姆一直关心人类在学习、思维以及达到某种规定成就水平方面的差异究竟有多大。他认为，个体发展确实存在差异性，但差异不像人们想象的那么大，儿童的学习成绩不应该呈正态分布。他首先提出了影响儿童学习的"三大变量"：（1）先决认知条件，学生对所要求完成的学习具有的必要条件的程度，简单地说，就是原有学习基础；（2）先决情感特点，学生被促动专心于学习过程的程度；（3）教学质量，教学适应学习者的程度。

然后，他将各种影响学生学习的变量区分为易变变量和较为稳定的变量两个方面。一是把儿童的学习时间区分为可利用的时间和主动学习的时间。前者是相对稳定的，所有人基本差不多；后者是一个易变变量，不同儿童差别比较大。二是对智力与必要认知条件进行比较。前者对学习过程和结果有影响，但其具有高度的稳定性；而后者是可以改变的，学习成绩更多是由具备适合以后学习任务所需要的必要认知条件决定的。三是对教师特点与教学行为进行比较。前者受年龄、经验、个性等多方面因素的制约，是相对稳定的；后者与儿童的学习密切相关，是容易改变的。

另外，布卢姆借鉴韦尔伯格的研究成果，对影响学生学业成绩的易变变量做进一步的量化分析，按其作用大小做如下排列。

D. 个别教学	2.00
D. 强化	1.20

---

① 张武升，柳夕浪 . 教育实验的本质与规范 [M]. 成都：四川教育出版社，1997：156-158.

A. 反馈—矫正	1.00
D. 提示和解释	1.00
D. 学生参与课堂学习	1.00
A. 学生的实际学习时间	1.00
A. 改进阅读 / 学习技能	1.00
C. 互助学习	1.00
D. 家庭作业（分级的）	0.80
D. 班级风气	0.60
A. 最初的认知和先决条件	0.60
C. 家庭环境参与	0.50
D. 同龄或跨龄的个别矫正教学	0.40
D. 家庭作业（布置的）	0.30
D. 较高等级的问题	0.30
B. 新的科学和数学课程	0.30
D. 教师的期望	0.30
C. 同伴小组的影响	0.20
B. 先行组织者	0.20
社会经济地位（作为对比参照）	0.25
改进过程的对象：	A——学习者
	B——学习材料
	C——家庭环境或同伴小组
	D——教师

　　从上述研究可以看出，个别教学效果最好，但这种一对一式的教学花费是昂贵的、不可取的。布卢姆提出同时改变两个或三个变量要比单独使用一

个变量对学习更起作用，设想通过改变教师的强化行为，实施形成性测验，引进单元反馈—矫正程序，给学生提供补充性学习的机会，帮助大多数儿童掌握学习的内容。具体教学设想为：

1. 设计学科教学的目标，给其下定义，这些目标代表一门学科的教程或单元目的。

2. 把材料划分成由较小的学习单元组成的一套更大的系列，每一小单元都有它自己的目标，这些目标是学生掌握的至关重要的内容。

3. 鉴定学习材料和选择教学策略。

4. 每一单元都有简单的诊断性测验，目的是测量学生在学习进程中的进步，并鉴定每个学生现有的具体问题。

5. 运用测验所获得的材料向学生提供补充性教学，以帮助学生解决问题。

以上设想构成了掌握学习实验的"工作假说"，概括起来讲，就是"运用掌握学习法可以使 85% 以上的学生掌握 85% 以上的学习内容"。

上述"工作假说"的提出是极为慎重的：一是从影响儿童学习三大因素的归纳，到对易变因素与相对稳定因素的区分，再到对易变变量作用大小的量化比较，逐层深入地进行分析，理清相关变量；二是对每一方面因素的分析都做到有理有据，特别是建立在有关实证研究的基础上；三是对手段和目标之间的关系做概率性描述，避免武断、绝对化，不同于"不让一个孩子掉队"之类的口号等，这些都反映出教学改革设计应有的严谨、科学的态度。

警惕拿儿童的时间甚至生命当儿戏

早在 20 世纪 80 年代，我们就引进了布卢姆的教育目标分类学及掌握学习法，对此并不陌生。掌握学习法相信每个孩子都能通过自己的努力，达到成功目标，这在今天仍有现实意义。重温布卢姆的掌握学习法，并不是说它完美无缺（如它只关注学生课堂上认知等方面的掌握目标，忽视学生努力超越别人的表现目标以及如何与班级和他人互动联系的社会目标等），而是学习其注重实证分析的方式和态度。

西方学术界有着注重量化分析的实证研究传统，这一传统一直延续到今天。澳大利亚墨尔本大学教育研究所主任哈蒂（John Hattie）教授及其团队使用元分析的方法整理了 20 世纪 70 年代以来国际上关于教育学研究的主要成果（共 900 余项），对迄今为止已经发现的、可能影响学生学习的因素按照效应量的大小进行了排序，从中归纳总结出教师、课程、教学、学生、家庭、学校六个主要因素，[①] 并对影响学业成就的 150 种因素按照效应大小进行了更为具体的排序。[②] 这是一个注重量化分析的经典案例。

近 40 年过去了，中国不只是教育实践界，而且专门的教育科学研究部门也有一些人缺乏脚踏实地、实事求是的精神。比如：做些煽情性的描述，靠标语、口号的新意鼓动他人，而很少进行现场考察，很少走进中小学校、走进课堂；在公众媒体上发表各种主观意见、看法，而不太关注事实、数据的积累与具体分析，有时将意见和证据混为一谈；抓住个别案例、事例不放，在缺乏充分论证、试点的情况下作为典型推而广之；在没有规律的地方硬是找出了"普遍规律"，做出大胆的预测，排除偶然的、随机现象的存在（与此相关的是，对极小概率的负面事情、非原则性问题做出过度反应，实行所谓"零容忍"）；对实然和应然不加区分，将合理性和可能性混为一谈，以为"一切皆有可能"；等等。而在课程教学改革上，比谁的胆子大、谁的提法新、谁的口号响、谁的品牌亮，有可能视孩子的时间和生命为儿戏，拿

---

① 哈蒂.可见的学习（教师版）[M].金莺莲，洪超，裴新宁，译.北京：教育科学出版社，2015：13.
② 同①，第 275—278。

孩子的成长做赌注，这样的教育教学改革说得轻一点，是折腾，说得重一些，是对生命价值的忽视！

五、综合化与边界

教学创新究竟从哪些方面着手进行呢？归纳一下，大致包括课程建设（课程结构、课程内容及载体等）、教学方式（教学程序、教学方法、教学模式等）、教学手段（学具研发、信息技术使用等）、考试评价、教学组织、教师专业发展、学校管理等方面，如果细分，可创新的方面会更多。

综合化成为一种必然

将2014年基础教育国家级教学成果奖特等奖、一等奖成果（共50项）所涉及的革新因素做下梳理，结果见表2-3。

表 2-3　优秀教学成果涉及因素

革新因素	课程建设	教学方式	教学手段	教学组织	考试评价	专业发展	学校管理
涉及该因素的成果数	35	41	19	12	32	23	19
涉及该因素的成果所占比例	70%	82%	38%	24%	64%	46%	38%

50项获奖成果中仅有两项[1]涉及因素单一，其余均涉及两个以上（含两个）因素，更多的研究者倾向于将相关因素一并纳入改革范畴。如江苏省天一中学在以下这些方面进行了尝试：不只是在课堂教学层面进行自主学习方式改革，而且开发了可供学生自主选择的课程资源，包括"面向全体、兴趣导向、分层提升"三类课程；优化了自主研究的学习方式，以

---

[1] 这两项成果是于永正等人的《于永正"言语交际"式小学语文教学探索与实践》和张国华等人的《基于初中学生全面健康成长的考试与评价体系研究与实践》。

"项目研究"为载体，以"创新实验室"为主要研究场所，采用"做中学、研中学"的方式，借助"e学习"平台，展开对真实问题的自主研究；构建了自主多元的评价体系，以学生自主评价为主，并参考社会权威机构的第三方评价；形成了自主管理的运行机制，以学生社团为组织形式，通过"联席会议"实现自主管理等。[①]这涉及课程文本及实践基地建设、教与学的方式及其与信息技术整合、教学组织管理、评价体系等诸多方面，体现出一种综合化推进的思路。可以讲，随着改革的不断深化，综合化趋势会越来越明显。

何以如此？根本原因在于教育教学现实问题的复杂性，各种因素交织在一起，非某一方面、某一层次、某一范畴、某一要素的改革能轻易化解，必须用系统的眼光去审视，通过多方面的举措去推进。通常教学问题的解决会涉及课程内容的重新组织架构以及考试评价措施的跟进等，就教学抓教学、就课堂抓课堂、就学科抓学科，可能实际效果甚微，不能从根本上解决问题。综合改革问题不是现在提出来的，早在改革开放之初，针对单项、单科改革的不足，不少地区和学校就提出教育综合改革议题，开展"整体改革实验"，只不过在充满了积重难返的疑难问题的今天，综合改革显得更加迫切。我们在分析问题时，尽可能限定问题域，缩小研究范围，控制变量因素，以便做出更为精准的分析；而在实施改革时却倾向于做出与此相反的选择，期望获得显著的综合育人效果。

综合化的着力点

综合化不是目标内容、方式方法、技术手段、教师研修、组织管理等各种因素的简单叠加，不是课堂内外、学科内外、学校内外、区域内外的无限延伸。面面俱到不是综合化，四面出击不是综合化，八方延伸不是综合

---

① 参见 2014 年基础教育国家级教学成果奖获奖材料《天一科学院：学生自主学习模式探索》。

化。那么，综合化是什么？我们从若干优秀教学成果中看到了什么样的综合呢？

第一，主题统领。这些成果始终把促进学生的健康成长作为教学改革的出发点和归属，回到教学育人的主题上来，只是不同的教学成果基于具体的教育教学实际，关注的重点各不相同。如清华大学附属小学窦桂梅主题教学改革关注的是"语文立人"，充分挖掘有利于儿童生命成长的语文内容，包括语言的积累、表达等语言学习主题，分析比较、创造想象等思维品质主题，尊重、感恩、互助、责任等精神价值主题，在教学内容与主题的交融中形成儿童成长内核，为聪慧与高尚的人生奠基。主题教学改革围绕特定的主题不只是将单篇课文、单元课文、整本书等语文学习内容进行整合，而且将课程、教学、评价、教研等育人环节连接起来。李吉林的情境教育研究关注的是"情境育人"，针对长期以来灌输式教学压抑儿童学习积极性和潜在灵性的问题，强调通过情境课程、情境教学、情境学习等，引导儿童主动学、乐学，促进其素质的全面发展。正是有关学生成长的主题贯穿于方方面面的改革之中，才使之成为一个有机的整体。近年来所倡导的核心素养为纲，乃是对学生健康成长要求的细化、具体化，强调使核心素养成为贯穿各学段、各学科、各育人环节的主线，为我们的整合提供了新的视角。

第二，关系协调。通常综合改革需要以单项改革为基础，但它又不同于单项改革，而是更加注重各单项改革之间关系的协调。它要求充分关注课程、教材、教学、考试、评价等各个方面之间，语文、数学、外语、品德、科学等各个学科之间，幼儿园、小学、初中、高中、大学等各个学段之间，班级、学校、社区、家庭、网络等各个阵地之间，学生、教师、家长、专业人士、社会成员等各种力量之间，以及物质的、行为的、制度的、精神的各个层面之间的关系，是否存在矛盾、冲突、脱节、错位、简单重复等，并予以协调解决。其中，最根本的是要分析解决各方面、各学科、各学段、各阵地、各种力量、各个层面与学生的健康成长相适应的问题。综合改革要求从实体性思维走向关系性思维，切实调节各种关系，为学生成长创造良好的生态环境。山东省实验中学"学长制"实践探索①，针对师生交流中有时教师苦口婆心的说教不如同学的现身说法，同时独生子女"兄长"意识缺乏的问题，建立学长传承、辅导制度，强化学生自我教育，改善师生关系和学生同伴关系，培植校园亲情，可以说是建立良好育人关系的范例。不少课程改革项目同时涉及教学、评价改革等，原因就在于课程目标、结构、内容改革必然要求教学、考试评价与之相适应；同时，教学和考试评价又会反过来促进学校的课程建设。

第三，动态平衡。综合改革不是各方面、各层次、各要素改革的齐头并进，而是需要分清特定情况下的主次、轻重、缓急，把握最佳时机，推进相应的改革。若干关系的调整往往意味着相关利益的调整，并受制于背后理念的制约，有待于内部条件和外部条件的逐步成熟。所谓蓄势待发，"势"未"蓄"则不可发，"弓"未"张"而不可射。与20世纪八九十年代的改革相比较，21世纪中小学的改革不再只是"改课"，更多的是进行"课改"，改革重心的转移，与国家启动新一轮课程改革、出台相关政策有密切关系。好的教学改革一般都包括若干改革阶段或步骤，每一阶段或步骤都有所侧重，在改革过程中不断调整重点，获得动态平衡。而若干改革阶段、步骤，便是综合改革思路的具体化展开。学校育人总是会涉及博放教育与深度学习、科技教育与人文教育、开门办学与课堂教学、学科育人与跨界学习、标准化管理与个别化学习、文化传承与知识创新等之间的权衡、考量，这是一种永恒的选择。所谓动态平衡，最主要的是要把握和处理好这些基本关系，使之保持必要的张力，收放自如，开放有序。

---

① 参见2014年基础教育国家级教学成果奖获奖材料《高中推行学长制的实践探究》。

有关联的结构层次

从单项改革走向综合改革，不是单纯将单方面发展为多个方面、多个角度，而是把握多方面、多层次、多因素之间的内在联系，形成有关联的结构层次。

北京十一学校针对中学教育整齐划一压抑学生个性潜能的问题，从课程结构、教学管理、学校制度等方面进行了系统变革，构建了全新的育人模式。课程变革是普通高中育人模式创新的基础。针对学校当前存在的问题，课程变革的主要诉求在于增加多样性和选择性。为此，学校依据国家课程方案和课程标准，构建了一套分层、分类、综合、特需相结合的可选择的校本化课程实施体系。围绕"志远意诚、思方行圆的社会栋梁和民族脊梁"的育人目标，立足每一名学生自主发展的内动力，将265门学科课程、30门综合实践课程、75个职业考察课程、272个社团、60类学生管理岗位提供给学生选择。这套分层与分类、专项与综合相结合的课程体系，突出以学生个体为单位的选择性，除了少数必修课程外，选修课程占98%；同一课程在不同时段重复开设，学生不仅可以选课程，还可以选择学习时段；所有的课程排入每周35课时的正式课表，实现了一名学生一张课表。

传统的固定班级授课制度下，学生被分班、被固定、被视为完全相同的人，无法实现选择性学习，学生无法真正拥有适合自己的课程。新的课程实施体系的建立必然要求学校教学管理制度的配套变革。为此，学校建构了选课走班的教学管理体系。首先，把传统的行政班改为教学班，任课教师的教育和管理责任大大增加。从学习资源的规划到教室的布置、从座位的摆放到教学班基本规范的形成，每一位教师都是教学班的领导者。实施24人的小班教学，按照教室分区，学生选课分类，形成自修、讨论、互助、辅导等多种学习方式并行的课堂教学模式，让因材施教落实到每一个教学过程中。其次，探索全员育人与学生自主管理相结合的管理机制。选课走班使教育从传统的以面向集体为主转向以面向个体为主。随着班主任管理模式的取消，学校探索实施了年级"分布式领导"模式，把年级层面上的教育教学管理岗位分解为导师、咨询师、学科教研组长、小学段与研究性学习主管、过程性评价主管、终结评价与诊断主管、选课与排课主管、教育顾问（针对特殊行为问题）、自主研修主管、考勤主管、大型活动主管等多个岗位。每个岗位由任课教师根据自己的专长自主选择，形成了人人都是教育工作者的全员育人网络。再次，立足学生的自主管理，学校探索了"优秀学生引领＋基本行为规范为底线"的评价机制，充分发挥优秀学生的引领作用；出台《学生在校基本行为规范》，让学生在拥有最大限度的选择权和自主发展权的同时，更懂得尊重规则和行为规范。同时，学校立足每一名学生学习的动力机制，构建了过程性评价与诊断系统，评价由检测和管理手段转变为服务于师生教与学的工具。过程性评价着力研发适合不同学科、不同课程内容，甚至每一名学生的个性化评价指标体系；研发科学的诊断工具，随时记录每一名学生一个学期各个方面的综合表现信息，基于大数据，生成每一名学生的成长数据系统，并通过网络反馈给学生和家长，为学生的自我反思和制定有效的自我规划提供帮助。

随着教学组织形式、配套的资源系统、诊断与评价体系的变革，课程实施链条上各个环节要真正形成一个相互支撑的服务于学生成长的有机系统，离不开学校层面上管理制度的重建，它能为课程变革的深入推进与实施提供必要保障。为此，学校探索建立了新型学校的组织管理体制，实现了从管理走向领导。首先是奠定共同的思想基础。全校教职员工共同参与，描绘学校未来发展的愿景，确立共同的价值观和奋斗目标。同时，学校调整组织结构，使学校管理重心下移，形成服务第一、师生导向的扁平化组织结构，确保教学一线的需求能够得到快速及时的回应。其次，通过让每一位教师成为学科教室的建设者和领导者、开办名师大讲堂、建立名师工作室等方式，学校建立各种激励机制，让每个人都成为领导者。通过成立教育家书院、课程研究院等民间学术机构，淡化行政管理，让更多的优秀教师参与学校管理。构建可选择的教师专业成长课程体系，以满足每一位教师专业成长的不同需求，激发每一个成员的主动性、积极性和创造力，促使教师的职责从单纯的传递知识的授业者转变为学生学习的管理者，通过互相影响、讨论、激励，发现和唤醒学生的内动力。[①]

上述三个方面的改革既相对独立，又相互渗透，形成了一个相互支撑的有关联的结构层次。（见图 2-5）

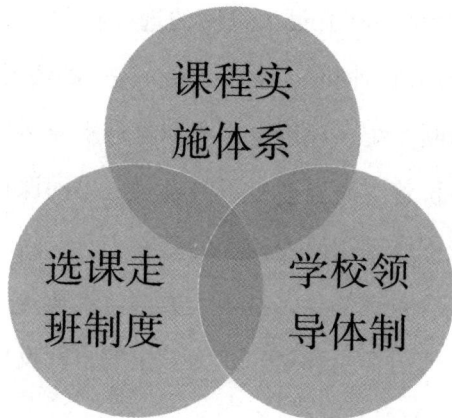

图 2-5　北京十一学校改革中三要素的结构关系

从单点结构分析到多维结构把握，再到生成有关联的结构层次，最后转向对背后内在机制的揭示，在这样一个综合化进程方面，我们走到了哪里？

清晰的边界

实践探索与科学研究一样，有自己的边界。一项改革如同一项研究，必须明确自己的问题域，将变革因素和非变革因素、易变因素和相对稳定因素、可控因素和不可控（或暂不可控）因素区分开来，在特定的时空、特定

① 参见 2014 年首届基础教育国家级教学成果获奖材料《普通高中育人模式创新及学校转型的实践研究》。

的场域、特定的阶段，不宜探究过分复杂的因素。维度不是越多越好，综合把握不是人为把问题复杂化，而是从中寻找关键环节、关键要素，本质是追求简明（好的理论是简明的）。它要求聚焦特定的主题，关注关系协调，并且随着改革的不断深化、时机的不断成熟、条件的许可等，调整自己的边界。有边界不是故步自封，而是蓄势待发。有边界才有特定的问题域，问题有所聚焦，并把握它的实质，思路才可能明晰。

　　边界是否明确，思路是否清晰，层次是否分明，一个很重要的标志是能否把它画出来，用图来表示，用表来展现。1998 年的"纽约麦金塔世界博览会"的简报中，乔布斯利用 2×2 表格说明了苹果计算机产品的区隔与定位。他将垂直的两栏设定为"一般消费者"和"专业人士"，水平的两栏设定为"桌上型"和"笔记型"（桌面计算机和笔记本电脑）两种产品类别。接着，他在一般消费者的桌上型格中填入"iMac"，在专业人士使用的桌上型格中填入"Power Mac G3"，在专业人士使用的笔记型格中填入"Power book G3"，在一般消费者使用的笔记型格中填入一个问号，代表还没有产品发布。（见表 2-4）乔布斯对四类产品的定位分析消除了原先苹果计算机产品类别庞杂不清的缺点，化繁为简，创造了令人惊艳的产品。[①]

表 2-4　苹果计算机产品的类别

产品类型	一般消费者	专业人士
桌上型	iMac	Power Mac G3
笔记型	？	Power book G3

　　乔布斯两个维度的划分不但简洁，而且用二维表列出，一看就能明白，

① 王友龙.会图解思考的人最厉害：受用无穷的 38 种思考法 [M].合肥：时代出版传媒股份有限公司，2013：178—179.

让人一下子找到了破解问题的关键。对教育问题的分析如果也能像乔布斯这样化繁为简就好了，只可惜这样的分析表述太少了，在成果申报中经常见到的是包含众多复杂因素的图表、模型，看似高深，其实切入点、着力点不清，缺乏必要的分析提炼。

你能把自己拟推进的改革思路画出来吗？

六、改到深处是体制机制

从研究的角度看，我们不只是要揭示事物之间的关系，还要对事物内在机制进行解释。譬如，你不只是发现了二氧化碳增多会导致全球气候变暖，还要进一步说明二氧化碳是一种温室气体，它能够吸收从地面反射到空中的红外线，再把这个能量辐射出去，促使大气温度升高，即说明二氧化碳为什么会导致全球变暖。

建立持久的推进机制

如果说科研的关键是发现机制，那么，改革创新的关键便是建构与新思想、新理念、新要求相适应的新机制、新体制。20 世纪八九十年代的教改更多是从教学方式、方法、程序、模式层面展开的，今天基础教育领域影响较大的教学方法、教学模式一般源于那个时代。新世纪的改革更多地在课程层面展开，十多年来，各地和学校创造了许多课程改革的鲜活经验。今天，改革到了深水区，必须破除制约课程教学改革的体制机制障碍，而优秀教学成果已经在这方面先行了一步。

获得首届基础教育国家级教学成果奖特等奖的北京十一学校，其育人模式创新与学校转型是一项涉及课程、教学、学生发展指导、教师专业发展、学校管理等诸多层面的综合改革，而其中的关键性改革是打破传统的整齐划一的班级授课制，推进选课走班教学，也就是说，整个学校的育人模式转型是从选课走班切入的。十一学校的选课走班不是部分班级、部分学科、部分时段，而是全方位展开，它的实质是从过去的教师挑选学生、统一授课转向学生自主选择教师、选择课程、选择学习，充分尊重学生的意愿，满足学生丰富多样的学习需求。如同经济改革从卖方市场转向买方市场，内在调节机制发生了根本性的转变，当改革真正赋予学生选择的机会、权利，绝不只是激活了学生学习的内在动力，让学生释放出潜能和个性，表现出真实的自我，而且促使教师不得不平视学生，认真倾听他们的心声，消解成人的权威控制，进而重新学习如何面对真实的孩子，如何面对各不相同的需要，如何切实帮助他们解决成长的困惑。真正适合每一名学生的课程、教学、个别辅导、考试评价等，便是在这一过程中诞生的。走进十一学校，你会发现教师研修活动随时随地都在进行，研讨内容不再是形式主义的作秀和表面文章，而是十分贴近学生的需求。每天学生放学之后，教研组、项目组集体研讨成了许多教师的自觉行动。而师生关系的变革、教师教学方式和研修方式的转变又促使学校职能部门重新定位，资源重新配置，从管理走向服务，用李希贵校长的话讲，就是"校长走在教师中间""让听得见炮声的人指挥打仗"。可见，选课走班成了撬动学校育人模式创新的支点。

如果说北京十一学校转型注重的是机制创新，那么，北京市拔尖创新人才培养的"翱翔计划"，则打破了育人体制壁垒，探索以全部高中学校为生源基地，依托优质高中学校建立培养基地或课程基地，依托高等院校和科研院所实验室建立实践基地的教育资源整合新体制。"翱翔计划"由北京市60多所示范高中推荐学有余力的"翱翔学员"，将十多所有优质资源的高中学校作为培养基地，分别承担某一学科领域"翱翔学员"的培养工作。同时，挑选40—50个在京高等院校、科研院所的重点实验室（从事放射性、化学物质、剧毒化合物、病毒等具有危险性研究的实验室除外）作为实践基地，每个基地接收2—4名学员，承担"翱翔学员"科研实践活动的指导任务。从生源基地到培养基地，再到实践基地，建构了"三类课程""三师指导""三校管理"体系，汇聚了高中和高校、科研院所多方面的资源和力量，形成了拔尖创新人才培养的新格局。

实践中常见某些项目因为关键人的调离而中止，甚至走了回头路，其主要原因是我们没有在改革过程中建立起相应的体制机制。真正做到让制度管人、管事，改革才能持续发力。

攻克制度堡垒

当前，教育教学改革阻力重重，而最大的阻碍便是长期以来一直为世人所诟病，却一直难以撼动的现行体制机制。现行体制机制的弊端对于教育改革的制约几乎无处不在，诸如"过度集权"导致教育决策缺乏必要的民主程序，"行政本位"导致学校难以成为真正的改革主体，"部门分割"导致政府和各社会机构对教育改革的支持形不成合力。特别是基础教育和高等教育在人才培养和选拔上彼此割裂，行政在其中的干预不当，严重制约着中小学教育教学改革的进行时，到了非改不可的时候。一方面，"GDP主义政绩观"日益向教育渗透，地方政府注重用考分、升学率评价一个地区、评价中小学教育质量，在一定程度上捆绑着整个基础教育；另一方面，真正困扰着学校教育的大班额、教师队伍结构性失衡等问题得不到缓解，不少学校和教师深陷其中难以自拔，逐渐失去育人的热情和理智。

如何让市民出行多使用公共交通工具，减少私家车的使用？北京市政府想到了公共自行车。前几年，北京市一度在全市设立大量固定桩位的公共自行车，但由于使用时须停放在指定位置，取用和还车都不方便，缴费也不方便，该模式在实际运行中宣告失败。山重水复疑无路，柳暗花明又一村。几乎一夜之间，几家私营公司发起的无固定位共享单车利用现代区块链信息技术，以便利的借还安排、低廉的收费赢得了广大市民的青睐，形成了自己的赢利模式。特别是它利用现代通信技术，或对单车或对骑车人的手机进行定位，很好地解决了"公共物品"的收费问题，解决了"最后一公里"问题。

一时间，出现了个个夸赞共享单车、人人出行依靠共享单车的局面。[①]共享单车是一种环保的交通工具，每多一个人加入使用共享单车的行列，就会减少一次潜在的小汽车或者其他交通工具的使用，利国利民利己。政府在其中如何作为？政府试图把一切包下来，连具体运作方式都考虑好了。这样做，出发点是好的，却行不通。其实，政府需要做的事情不多——规范共享单车的停放，保护私营企业的财产。不知我们能否从中受到一些启发？

七、不只是移植，还要改造

常见的思路有追根溯源式的和移植改造式的。从可行性角度看，我更倾向于后者。

追根溯源式的思路

理想的思路是追根溯源式的，即从实际问题入手，把握问题的实质，杜绝问题产生的根源，从源头上解决问题。相对于治标而言，这是一种治本策略。就像治病一样，试图根治疾病，使之不再复发。许多教育问题可能不像人的身体疾病，可以非常明确地找到它产生的根源（生化机制），这里面各种因素通常错综复杂地交织在一起，我们很难分清众多因素各自产生的效应有多大，彼此间的交互作用是否显著。同时，各方面因素不是静止不变的，而是不断变化着的。因此，经过一段时间的治理，一些问题可能得到了缓解，可类似的问题又会以新的形式表现出来。

譬如中小学生课业负担问题，其主要表现为课堂教学效率不高，学生在校学习时间过长，家庭作业比较多，严重影响着孩子的活动和睡眠。于是，一些地区、学校统一规定学生在校学习时间，实行静校制度，取消加班加点的做法。现在不少城市学校，学生在校学习时间、家庭作业时间得到了较

---

① 刘业进.共享单车：自发秩序是如何发生的 [N].南方周末，2017-04-27.

好的控制，然而越来越多的学生参加校外补习班，不但学生课业负担没有减轻，而且增加了家庭经济负担。于是，一些地区、学校开始探索课后服务制度，实行弹性离校时间，学生放学后，由学校提供丰富多彩的课后服务，组织学生参加课外活动，由政府买单。课外活动多了，有助于学生身心健康，但学生的学习压力能缓解多少，还很难说，因为学习压力与考试升学压力直接相关，而考试升学压力又与就业压力乃至整个社会的生态环境联系在一起。在教育问题上追根溯源，从根本上加以治理，谈何容易！

如果我们能够找到确定性（可预测性）和因果关系，这当然是最好的；但是，学校教育面临的复杂情况，不是几个定律能讲清楚的，不确定性是今天教育教学的常态。或者说，等我们理清了复杂的因果关系后，我们可能就失去了最佳的治理时机。大数据为我们提供了解决问题的新思路，数据中所包含的信息可以帮助我们消除某些不确定因素，数据之间的相关性可以为我们解决问题提供有价值的参考线索。

移植改造式的思路

不同地区、学校面临的教育问题或挑战具有共性，故而我们可以移植他人的经验。他山之石，可以攻玉，特别是那些基本的、规律性的东西，我们当予以遵循。同时，不同地区、学校有着不同的文化土壤、发展基础和支撑条件，故而别人的经验不能完全照搬，必须加工改造，使之适合自己的特定需求。这是常见的改进思路，尽管不具有原创性，但只要改造得好，是管用的。

移植改造式的教学成果很多。比如，新中国成立以来，中小学课堂一直存在着"满堂灌"、效益差的问题，对此，20世纪60年代中国科学院心理研究所卢仲衡教授借鉴斯金纳的程序教学提出自学辅导教学设想，并在中学数学教学中进行实验探索，将自学环节引进课堂，按"启、学、练、知、结"五个环节进行课堂教学。

　　20世纪70年代末，江苏省常州市教育科学研究所的邱学华老师发现，学生课堂"主动"不起来的病根出在"先讲后练"的传统教学模式上，因此萌生出反其道而行之的"先练后讲"教法。"文化大革命"结束后，他开展了"先练后讲"教法的系统实验，于20世纪80年代初提出尝试教学法，并对此展开系统的理论与实践研究，总结出"尝试能学习，学习能成功，成功能创新"的尝试教学理论及其基本模式、灵活模式与整合模式，从中我们不难发现学生的自学要素。①

　　中小学课堂上"讲风"盛行，仅引入自学、尝试性学习还不足以撬动整个注入式教学的根基。紧随其后的江苏省洋思初中在课堂教学改革上更进一步。学校要求"学生课堂自学时间不得低于15分钟，教师讲课不得超过15分钟，学生课堂作业不少于15分钟"，于20世纪90年代初形成了"先学后教，当堂训练"的课堂教学模式雏形，随后还进行了该教学模式的细化研究。与尝试教学法相比，洋思教学模式对课堂教学流程做了更加明确的规定，特别是对学习时间做了严格规定，并引入"生教"环节，组织学生之间互帮互学，还构建了课堂教学改革的配套管理制度。②洋思教学模式变"课前预习"为"课堂先学"，变"先教后学"为"先学后教"，变"课后作业"为"当堂训练"，它无疑是针对中小学传统教学弊病所开出的一剂猛药，起到了"颠覆课堂"的疗效，带动部分农村初中改变了长期以来存在的学生厌学、课堂低效现象。

　　与洋思初中一样，杜郎口中学位于山东省茌平县的一个偏僻农村，最初的改革（20世纪末）也是被学校教学效率低下、面临倒闭等问题逼出来的，并且同样从课堂时间切入，经历"0+45"（教师不讲，把时间还给学生）、"10+35"（教师讲授辅导控制在10分钟以内）的探索过程，形成了"导学互

---

① 参见2014年基础教育国家级教学成果奖获奖材料《尝试教学法的实验研究与推广应用》。
② 参见2014年基础教育国家级教学成果奖获奖材料《洋思教学模式》。

助探究展示总结"自主学习模式。导学，即在问题引领下的思考、学习，教师引导学生尽可能在紧密联系生活等前提下独立思考、找出疑难。互助，就是学生在自学的基础上，针对自己的困惑或感兴趣的问题，通过多元的互助方式进行体验、讨论、交流、感悟。先是两人交流，尽量解决疑惑，实在解决不了，可以向小组其他成员或教师求教。这种多元化互助，利于课堂智慧的碰撞，也利于资源共享。探究，是学生课堂学习的主要方式之一，学生心、脑、手、口并用，自己去发现、分析、研究、思考、解决问题，是一种深层次的学习。展示，即以互动、质疑为主的学生自主学习成果分享，也就是在师生对学习中的困惑、重点、难点等筛选后进行的以生生互动为主的展示学习、智慧碰撞、思想交流过程。总结，即以应用、创新、学以致用为主的反馈过程。[①] 不难看出杜郎口中学自主学习模式对尝试教学法、洋思教学模式的借鉴，但它不是简单照搬，有自身的显著特点。第一，不只把课堂时间还给学生，而且更加强调赋予课堂学习以新的内涵，重在让学生学会学习、学会分析、学会思考，进行探究或学习。第二，凸显了以学生互动、质疑为主要活动的课堂展示。课堂展示中，学生态度大方、声音洪亮、语速适中、肢体语言恰当，有感情和活力，不是拿书本读。这种展示不仅锻炼了学生的思考与表达能力，还培养了他们的自信心，满足了学生高层次的自我实现需求，进一步激发出他们内在的学习动力。

时间到了 2005 年，普通高中课程改革在全国各地逐步推进，山西省新绛中学课堂教学仍然面临着与当年洋思初中、杜郎口中学同样的问题："讲"几乎成为学校教学的全部内容，学生单靠听讲和做题来学习，极度厌学，课堂上无精打采、昏昏欲睡，课堂变成了"睡堂"。对此，新绛中学展开了"半天授课制"教学改革。首先，提出了学案课堂理念，教师通过编写和使

---

① 参见 2014 年基础教育国家级教学成果奖获奖材料《"导学互助探究展示总结"自主学习模式》。

用学案进行教学。其次，围绕"学生展示"开展各种探索活动，改造课堂学习流程。学生以"学习报告"的形式展示、交流自学成果，杜绝课后布置作业行为。再次，推出半天授课制。学生在第一天后半天自主学习，为第二天早上的展示课做准备。[①]它是对尝试教学法与洋思初中"先学后教"模式的直接借鉴，只不过它的"先学后教"不是以课时为单位，而是以天为单位。第一天后半天学生以自主学习为主，第二天上午进行展示、交流与教师辅导，这是一个翻转了的"大课堂"。它是对杜郎口中学课堂教学展示活动的直接借鉴，只不过展示活动被进一步放大为主要课型，同时不再将"作业"情况作为主要内容进行展示，而是以专题学习报告的形式进行展示，包括学习新内容后写成的"任务报告"、以单元章节总结为主要内容的"反思报告"以及对整个学科认识与理解的"学术报告"等。最后，因地制宜建立了自己的课堂教学改革支持系统，包括小组学习导师制、"三城"（读书城、电子城、实验城）资源支撑以及规范师生行为的文本等。

改革开放40年来，课堂教学改革一直是一个十分活跃的领域。邱学华的尝试教学法、洋思教学模式、杜郎口中学自主学习模式、新绛中学"半天授课制"是不同时期关于课堂教学改革的标志性成果，其中贯穿着一条如何破除注入式教学、让儿童释放生命活力和灵性的主线，不管有意或无意，彼此间有着明显的既先后相承又不断创新的关系。后者不是前者的简单重复，而是在前者基础上有了实质性的改进；不只是移植，还在改造上下了功夫，不断将课堂教学改革引向深入。值得注意的是，不同时期的改革者在不同地区进行的教学改革都是基于相同的问题：课堂上"满堂灌"，教学效率低下。可见长期延续着的注入式教学有着怎样坚硬的现实土壤？如今，在面广量大的中小学课堂上，它的存在根基是否已经被撬动，还很

---

① 参见 2014 年基础教育国家级教学成果奖获奖材料《高中半天授课制——山西省新绛中学课堂教学改革探索与实践》。

难说。如此，我们不难理解为什么这些改革都是从教学流程的硬性规定入手，特别是对教师的讲授时间严格加以限制，以此为起点重构新的课堂教学模式。

多些横向思考

有这么一则故事，说的是一家大型公司建造了一个新的公司总部。在搬进新总部几个星期之后，员工开始抱怨电梯太慢了。很快，抱怨的声音越来越多。公司开始联系大楼的建筑师，咨询电梯能否提速或者扩容。答案是可以的，但是需要几个月的时间来重新改造电梯系统，这样将耗费大量的人力、物力，而且会影响大楼的正常使用。最终，公司决定不改造电梯，而是在每层电梯的旁边都安装了很大的镜子，这样，员工可以利用等电梯的时间来整理自己的衣冠，并在镜子里观察彼此。采取了这样的做法之后，关于电梯的抱怨声就没有了。[①]

在教育问题上，我们习惯于纵向深入分析，有时可能会人为地把问题搞复杂了，费了那么多工夫，还不一定能够有效解决问题。如果能多些横向思考（也称水平思维），从原有的思维框框中走出来，努力摆脱"已成的我"，特别是尝试着从教学之外看教学，也许能另辟蹊径，闯出一条新路。

---

① 奥康奈尔.极简主义：风靡欧美的工作与生活趋势 [M].廉凯，译.北京：人民邮电出版社，2015：1.

第三章　实践检验

重庆市巴蜀小学是一所拥有 86 年深厚文化底蕴的名校，以"创造一所新的学校环境，实验一些新的小学教育"（巴蜀学校建校宣言）为办学宗旨，践行"与学生脉搏一起律动"的办学理念，培养头脑科学、身手劳工、自信、豁达、优雅的建设者和接班人。坚持教育是"做"的哲学，强调"带着思想去实践，实践之中出思想"，边实践边研究，边总结边深化，围绕"基于学科育人功能的课程综合化实施与评价"，进行了十多年的实践探索，经历了四个阶段。

第一阶段："学科 + 技术"教学变革实践探索阶段（2001—2004 年）

2001 年，国家启动新一轮基础教育课程改革，要求大力推进信息技术在教学过程中的普遍应用。学校参加了全国"小学语文'四结合'教学改革实验研究"项目，运用多媒体技术改进教学方式。

2002 年，学校设立课程部、校务部、物业部统筹学校管理，建立适应新课程改革的校本教研、教师成长、课程管理等保障机制。

2003 年，学校成立"梦想网校"，开发一年级至六年级语文、数学、英语网络学习资源，较好地实现了线上学习与线下学习的有机融合。

2004 年，学校开展了重庆市教育科学规划课题"现代信息技术与学科课程整合、网络多媒体软件开发研究"，形成了"展示""交互"两种"学科 + 技术"课型。这为后期开发网上游戏化学习社区——"优卡乐园""泛在学习"资源以及评价软件"巴蜀榜样"奠定了基础。

"学科 + 技术"教学变革实践探索阶段，学校充分利用现代信息技术手段，开发教学资源，改进教学方式，提高教学效率，促进了学生的个性化学习。

第二阶段："学科 + 学科"主题式融合实践探索阶段（2004—2009 年）

随着新课程改革的持续推进，学校在发挥各学科独特育人功能的同时，强调避免学科分隔，愈加关注学科间综合育人功能的发挥。

2004 年，学校申报了重庆市教育学会课题"综合实践活动大单元课程的开发与实施研究"，在定时、定人、定内容的基础上，探索"学科 + 学科"主题教育教学，形成了《综合实践活动大单元课程实施模式纲要》，开发了相应资源包。

2005 年，学校开启了以问题解决为核心的主题融合式学习，以"重庆市饮料消费调查分析与措施"为代表的多个小课题研究曾获全国及重庆市青少年科技创新大赛一等奖。学校还与北京师范大学课程中心连续 3 年举办"与新课程同成长"互动论坛，吸引了全国 2000 余人参会。

2006 年，学校组织研发了《教师行动手册》《教研行事历》等实践工具，实施了基于新课标的跨学科年级备课，解决了不同学科内容交叉重复的问题。

2007 年，"学科 + 学科"主题式融合实践经验应用到了学校新办的两所民办学校。其后，学校又引进了项目式学习，形成了围绕"生命·生存·生活·生态"展开的 12 学期序列化课程主题及相应资源包。

2008 年，学校探索了"学科 + 学科"主题式融合的评价方式，优化了"学科能力达标"，推出了六年级学生"六会"素质测试。

这一阶段的相关成果入选了中国教育创新成果公益博览会，校长入选了教育部"更新教育观念报告团"并在全国巡讲。

第三阶段："学科 + 生活"课程育德实践探索阶段（2009—2012 年）

2009 年，学校围绕育人目标展开了新一轮调研，遵循"因生而动，因律而美，美美与共"的思想内涵，发布了《律动教育思想的哲思与畅想》指导实践。同年，学校以全国教育科学规划课题"城市小学'生活教育'创新实践研究"为依托，深化了"学科 + 生活"研究，初步解决了知识与生活分离等问题。

2010 年，学校以"生活育德"为取向，构建了以品德与生活（社会）、综合实践活动、班级教育活动、少先队活动等为主要内容的生活实践课程，研发了《生活实践课程行动指南》。

2011年，学校总结了"巴蜀儿童礼"课程，深化了"巴蜀榜样"评价，总结论文《培养良好行为习惯　促进学生健康成长》被教育部评为全国中小学德育工作优秀案例。

2012年，学校完成了"（教室）小（学校）中（社会）大课堂"一体化教学模式建构（以下简称小中大课堂）——以纵贯六年班会、少先队活动课程为主要内容的"教室小课堂"，以科技节、艺术节、开学节等为主要内容的"学校中课堂"，以节日、假日、纪念日为载体的"社会实践大课堂"。这一教学模式为以后扎实推进核心价值观践行活动和开展研学课程奠定了坚实基础。

"学科＋生活"的实践探索，引导学生从教室回归到人的完整生活，让世界成为教材，"小中大课堂"一体化实施，强化了教育的实践育人功能。"小学'生活德育'课程的实践研究"获得了重庆市普通中小学幼儿园教学成果奖一等奖。重庆市教委在全市举办的首届"未来教育家"研讨会上推广了这一办学经验。

第四阶段："学科＋"深化、推广及评价突破阶段（2012年至今）

2012年，学校凝练律动课堂研究成果，推出了《学科共育标准》《八大课堂管理策略》《课堂评价量表》，形成了以"尊重、激发、共生"为核心，以"主动、互动、灵动"为标志的律动课堂文化，校长以"在律动课堂里自由生长"为题在中小学整体改革专业委员会学术年会上做了大会交流。

2013年，重庆市教委在全市召开的"重庆市小学课程综合化实施"现场会上，推广了"学科+"综合化实施经验。

2014年，依托重庆市教育规划课题"小学学科课程综合化实践研究"，学校以参与式教学为切入口，探索核心素养校本转化，形成了"化—联—跨—展"学科内融合方法，发布了《基于学科的课程综合化实施（1+10）行动指南》。

2015年，学校深化主题情境表现性评价，引入公众教育研究院学业素质与能力评价系统、重庆市教育评估院质量监测系统，形成有第三方机构参与的学生多元评价体系，其后建构了学生"活力、学力、潜力"评价体系（简称"三力"评价）。系列研究成果在《中小学管理》上发表，出版了专著《评价引领学校发展》，实现了评价协同改革的有效突破。

2016年，学校开展了"核心素养视角下的小学课程体系建构与实践研究""小学语文学科核心素养体系建构及实践研究"等课题研究，指向学科的育人功能，发布了《学科素养的校本表达》。开展了"'1+1+N'家校共育有效途径研究"与"基于学校办学理念的制度建设策略研究"，强化了制度建设，保障了课程综合化的有效实施。

2017年，学校"基于学科的课程综合化实施实践研究"和"小学主题情境表现性评价的实践与探索"分获重庆市普通中小学幼儿园教学成果奖一、二等奖，校长获"明远教育奖"。

自2001年以来，学校在重庆市的每一个区县"牵手"一所学校，以此为支点带动当地其他学校的发展，每年通过联合教研，推广经验，推动城乡教育均衡发展。"跨区域集团化办学'1+1+N'城乡文化互助发展项目"荣获重庆市教育综合改革试点成果一等奖。校长入选"教育部卓越校长领航班"，多次受邀到中国小学校长大会、国际小学校长联盟论坛等学术平台做经验交流。

总之，学校通过整体规划、分阶段有重点地实施，将目标、评价、课程、教学、教师、管理等要素有机结合起来，不断深化，螺旋上升，推动基于学科育人功能的课程综合化改革。

结合上述案例，阅读本章，重点思考两个问题：

★成果培育实践与日常教学实践有什么联系和区别？

★教学成果培育中的检验过程与工程技术开发中的检验（试验）有何不同？

在明确思路基础上形成的方案必须接受教学实践的检验，有着坚实的改革行动，特别是坚持合作对话与创新实践，形成可靠的、有说服力的证据。优秀教学成果一般要接受至少两年的实践检验，这是一个充满张力、生机与活力的实践过程，同时也是最紧张、最有意义的创新过程。它在检验、完善方案的同时，也改变着人，激发着人的想象力和创造力，提升着人的素养，在成事中成人。

一、将成果印刻在成长历程中

提及"成果"，许多人会想到"论文""专著"，其实，这是对"成果"形态理解的窄化。一项教学成果，不只是能在报刊上、在学校专栏中、在校园网站上读到它，更重要的是写在实践者的心上，化在改革行动中，印刻在学生和教师的真实成长里，让人能够在学校教育教学活动中感受到它的活力及生命样态，甚至可以直接看到它。

教学原本具有研究性质

研究和实践原本是一体的。早期人类探究自然、社会及自身的活动，主要是在日常生活、生产实践中进行的。中国古代的"神农尝百草"说的便是日常生活中的医药探究活动。到了近代，科学探究活动才从日常生活和生产实践中分化出来，有了相对独立的、系统的、专门的研究，这是一种历史性进步。没有这种分化及相应的专业化，就不会有现代文明。

今天，知识作为生产要素之一，地位空前提高，知识创新成为人类实现其他设想的前提，知识和生产再次融合，知识生产成为社会生活、生产的中心，必然要求重组传统意义上的理论与实践、知识与生产的关系，并调整相关的体制机制。不只是那些学术研究者走出"象牙塔"，走到日常生活、生产实践中开展现场研究、实践研究，而且实践本身的创造性质得到了还原，"实践者"获得"探究者""研究者"的身份。这种实践本身的研究性质最有可能在充满创造性的教学领域得到充分的彰显，因为教学既不是纯粹的科学，也不是单纯的艺术，可称之为"情境性实践"，它"没有固定处方能够确保教学对学生学习产生最大可能的影响，也没有一套原则可以应对所有学生的所有学习"①。在信息不周全、证据不确凿甚至问题不明确的教学专业场景中，理论是有用的，它可以帮助教师识别、解释教育情境中的某些问题，但一般不能直接告诉教师应该怎么办、具体怎么做。政策法规也是有用的，它可以设置关于教育教学活动的底线准则，规定教学行动的方向，提出基本要求等，但教育教学不能变成遵循既定法则、模式的机械操作。他人的做法、以往的经验有借鉴、启发作用，因为教育情境是千变万化的，所以不能完全照搬。

情境问题是当事人通过直接经验感受到的疑虑、困惑，它发生在教师的日常教育教学活动之中，是现实的，是当事人必须面对、无法回避的。当事人首先要切实感受到问题的存在，在信息不周全的情况下，更多地依赖直觉、洞察力，对事态发生、发展做出初步的判断，尝试抓住问题的症结，进而在初步的判断与已有问题解决经验的支撑下果断地采取行动，然后观测行动的结果，并根据结果修正最初的判断，甚至重新确认问题，进一步探究。特别需要对行动抉择及其合理性、合法性提出质疑，批判那些"自以为是"的、处于"固着"状态的预设、假定，尤其是关于"好教师""好学生""好教学""好教育"的信念，打破由情境参与者的视野、立场、态度带来的情境问题处置上的局限，努力摆脱"已成的我"。这不是严格意义上的实证科学问题，因为它并非像实证科学那样，置身于自我之外进行旁观，而需在"前见""预设"的引导下行动，并监控行动过程与结果，进而质疑"前见"，修正先在的"内隐理论"和行动方案，获得内在的启蒙和解放的力量。除非有

---

① 哈蒂. 可见的学习（教师版）[M]. 金莺莲，洪超，裴新宁，译. 北京：教育科学出版社，2015：5.

着自我的存在，否则，日常生活世界对"我"来讲，还有什么意义？反思也好，对话也罢，对置身于教育情境中的教师来讲，必须建构一个积极的自我，包括"我"的教育理想、信念，"我"的处事准则、策略，"我"的教学方法、艺术……这是一个对儿童心理世界进行移情式理解并加以关照的过程，有别于一般的认知活动；这是一个对教育教学的意义、方式进行富有个性的阐释与建构的过程，有别于发现业已存在的客观规律、大数定律；这是一个花时间去倾听内在的声音、不断更新个人实践知识、关怀自我的过程，有别于外在的、具有普遍解释力的某种学科知识体系的探究。此时的研究可能不再是通常意义上的专门的科学探究活动，而成为教师的一种重要的学习方式、工作方式与生存方式，一种重要的专业生活态度。如此，研究与实践就融为一体了。

在今天这样一个不断变革的时代，越来越多的中小学成了研究现场，成了发展和检验某种教育思想、理论主张的"实验室"；越来越多的一线教师成为"研究者"（注意：这里的"研究"不等于"科研"，后者是研究的一种形态）。这或许是教育现代化过程中所发生的最富有意义的重大变化之一，它意味着知识不再只是以文本形式而且以实践方式呈现；知识生产不再是少数人的专利，而是"飞入寻常百姓家"；知识创新不再是业余性质的，不再是几次耀眼的活动，而同日常教育教学工作密切联系在一起。所谓教学成果正是在上述研究和实践关系的重组中，在研究性实践中创造出来的。

研究和实践的高品质联结

当科学研究从日常生活、生产实践中分化出来成为一种专门的探究活动时，它就有了不同于后者的质的规定性，如提出可以用实证数据进行验证或反驳的假设，进行有条理的、明确的逻辑推理，寻找有说服力的证据，鼓励重复验证和专业人士的审查、评论等。有关科研方法的书主要是讨论这类问题的。

研究与实践两者旨趣不同：前者注重专业化的分析、解释，重在认识世界，如分析营养和学习能力之间是否存在着某些关联，如果存在，还要进一步揭示其内在的机制，形成相关理论；后者注重现实问题的综合解决，重在改造世界，提升教育教学质量，如改进学生营养状况，不断提升儿童的学习能力等。两者的规则不同：前者尊重事实，强调用证据说话，要求重复验证，拒绝价值介入等；后者追求价值目标的实现，尊重人本身的权益、意愿，避免给儿童身心带来伤害等。总之，研究遵循基于证据的理论建构逻辑，要求说得清楚；实践遵循基于关系和行动的价值逻辑，要求做得完美。它们之间关系的重组，不是简单的拼凑，而是要求两者在更高水平上联结，是一个充满内在矛盾和张力的话题，是培育教学成果必须面对的基本问题之一。

从总体上看，中小学校和一线教师的教学成果，大多数缺乏必要的专业品质，研究质量有待提升。如一项关于"农村英语教师专业化"的研究报告罗列了农村英语教师数量匮乏、年龄失衡、素质堪忧、流失严重等现象，然后谈到如何组织开展综合培训、校本培训、教学方法改革指导、课堂评价活动等。这种研究既缺乏对现实问题的深入分析与聚焦，也没有提出有创见的破解问题的思路和策略，基本上停留在日常工作层面。而研究机构、专门的科研人员的成果则有可能与之相反，有一些教学研究成果与教学实践不搭界。研究和实践是两张皮，没有较好地融为一体，如同油总是漂浮在水面上，油还是油，水还是水。在两者关系的重组上，我认为首要的是改进研究的思路、方式，而不是固守单纯的科学研究方法，如文献分析、受控实验之类。要让水不再淡而无味，那就得想法子，重新选择能够融入水的东西。不适当地将油倒进水里，有可能破坏水质，还需要花力气清理。

首届基础教育国家级教学成果奖获奖成果中，华东师范大学叶澜等人的《"新基础教育"学校教学改革研究》在研究和实践关系重组方面为我们提供了好的范例。① 该成果根据当代中国社会转型对学校培养新人的改革要求，针对学校教学普遍存在的"重知识，忽视人，忽视学科和课堂教学的育人价值，忽视学生积极、健康、主动发展"等根本性问题，历经初创期、发展期、成形期、通化期等几个阶段，以整体综合改革、理论与实践紧密结合交互生成为主要方式，进行深入学校教学实践的贴地式、长年段的持续改革和现场研究。

该成果将学校改革方法论的学习、研究、形成和践行作为新基础教育研究的核心问题之一，高校教育理论研究人员一开始就不是站在教育实践之外，进行旁观式的考察分析和评述，而是在教育理念、理论参照系适度先行转型的前提下，直接进入学校，与校长、教师一起，共同、持续开展课堂、班级、学校、社会等不同层面的改革研究（仅深入课堂共同研课就达 3 万余节），逐步提炼出基础教育教学改革新问题、新经验、新工具。在改革学校教学实践的同时，进行关于教学价值、教学过程和教学评价的理论探索，同时创生了教学互动生成的课堂教学新形态，创制了为教师日常改革所用的"教学设计表""全程评价表"等系列新工具，研制出中小学语文、数学、英语等学科教学改革指导纲要。它对理论和实践关系的探讨不是仅停留在方法论范畴内，而是进入到日常教育改革实践的鲜活过程之中，实现了研究和实践的紧密结合：一方面，理论研究者真实地感受到教育教学实践带来的清香和泥土气息，体验到在书斋中从未有过的解决实际问题的兴奋；另一方面，实践者自觉地学习教育教学理论，并将先进理念转化为自己的行动参照和话语体系，实现"个人内在理论"的转换，从自在走向自觉，从遮蔽走向澄明。研究自主地嵌入实践之中，形成可行、可见、可亲（有温度）的理论；实践主动地向研究敞开，成为有思想、有思路、有创造的行动。在上述

---

① 参见 2014 年基础教育国家级教学成果奖获奖材料《"新基础教育"学校教学改革研究》和华东师范大学出版社于 2015 年出版的《回归突破："生命·实践"教育学论纲》第一章。

两个方面中，我以为理论工作者从"象牙塔"里走出来，主动亲近实践，改进教育学研究思路，富有创造性地探索出一条将研究与实践融为一体的变革之路，是成果创生的关键。如果理论工作者不到实践中去，不去行动，则那些设想、理念得不到检验、充实和完善，那就成不了什么"理论"。

叶澜教授曾在《"新基础教育"成型性研究报告集》中将其研究成果概括为以下三个方面。[①]

一套教育理论。历经15年理论与实践交互创生，形成了一套关于当代中国学校教育改革的理论，并在此过程中重新认识了有关教育的一系列基本问题，进而促成了"生命·实践"教育学派的创建。在整个研究过程中，始终没有忘记自己作为教育理论研究者的基本责任：发展教育学理论与推进当代中国教育变革实践，并努力使这两个方面有机统一在研究全过程之中。

一批转型学校。有一批参与研究的试验学校在发展和成长。10所学校都已经走在学校转型的路上，大部分已呈现出新型学校的架构与品质。其中1/3的学校已经形成比较丰富与相对稳定发展的新形态，1/3的学校尚需一段时间的创建，才能在学校整体上呈现出新型学校的特征。但它们与其原初状态相比都已发生了具有新质的变化，形成了亮点、生长点和积极的发展态势。

变革之路。这是一项在中国当代学校教育所在地的常态下开展的研究，如何走出一条学校转型性变革之路，并没有现成的足迹可循、模式可依。用15年的时间走出这样一条变革之路，在我们看来也是新基础教育研究的重要成果。一方面是新实践形态对实践者本身内在深刻变化产生影响的过程，这是一条"成人"之"心路"；另一方面是研究共同体走出的变革之路，它建立在各种心路变化和行为复杂汇总后产生的整体性设计与研究实践效应基础

---

① 叶澜，等．"新基础教育"成型性研究报告集[M]．桂林：广西师范大学出版社，2009：19-37．

上的，是研究过程从起点到结束的真实伸展之"外"显之路。

这样一条"变革之路"，有着现场性、综合性、动态性等显著特征，其丰富的内涵远远超出科研教科书中介绍的那些方法，值得认真总结、提炼。在这样一种研究与实践双向互动的现场中，不只是青少年儿童，而且成人也获得了真实的成长，这其实就是教学成果真正的价值和魅力所在。

与"新基础教育"教学改革不同，重庆巴蜀小学的实践探索，针对课程实施中的"学科至上"和"去学科化"两种倾向，进行了 18 年的实践研究，强调既"带着思想去行动"，聚焦核心问题，坚持不懈地进行研究，又在"行动之中出思想"，使思想扎根于坚实的实践土壤。这是由实践工作者主导的改革研究，同样实现了研究与实践的高水平联结。这些年来，教育研究论文数量惊人，而学术界对教育研究的批评也接连不断。一些批评者认为，教育研究既没有为政府在学校组织、班级规模、课程设置、考试招生等政策制定方面提供可靠的咨询，也没有为教师的专业判断提供有益的帮助。至今教育学的不少概念、命题、理论框架仍不符合"理念的守门人"所认定的那套科学规范，尚未建立起属于自己的统一的命题陈述系统与话语方式，在严格的学术同辈眼中，顶多是一个"次等学科"。[①]中国教育研究还承受着文化保守主义的压力，不断与典籍注疏的学术传统抗争。如此背景下，学者们呼吁建立"严格的学科规训制度"，同时批评教师的行动研究"只是非正式的研究"，"绝大部分属于教育总结或工作报告，严格说来不能称其为'研究'"。[②]若干对教育研究的批评既说明了教育研究确实存在着不尽如人意的地方，也与教育研究的特点、复杂性有关。在几乎所有关于教育研究的教科书中，科学模式被认为是教育研究最恰当的一种模式，可在实际的操作中，研究者却面临着实验控制与量化观测的困难。不仅智慧、情感、信念、品德等表征

---

① 华勒斯坦，等.学科·知识·权力[M].刘健芝，译.北京：生活·读书·新知三联书店，1999：43.
② 赵蒙成.教育学的迷惘[J].读书，2001（5）：95.

人的发展状况的概念难以量化，而且连最基本的"教育""教养""教学"等概念都需要一一加以澄清。教育研究不仅仅要面对教育教学行为的观测问题，更重要的是要把握大量教育教学行为的不同意向，需要借助科学、人文学科、哲学等多种力量综合性地加以识别与澄清，对各种可能性加以确认和检验。许多与人的发展密切相关的研究可能是属于生理学、心理学、社会学、哲学等学科的研究，"只有当研究与教育实践，尤其是在总体上由教师从事的、具有教育性特点的活动联系在一起的时候"[①]，才真正属于教育研究。这样的研究更多是在教育现场，直面真实世界中的教育事件，而不是一味从日常教育生活中剥离出去，搬到专门的实验室或图书馆。在这样一个综合性的现场研究过程中，作为"当事人"的教师在实现研究（理论）与实践有机结合方面，有着旁观者（专业理论工作者）无法取代的优势，当然也有其不足。教学成果的培育离不开一线教师与专业理论工作者的广泛合作，合作研究不只是促使创新性成果的不断涌现，而且有助于形成一个在真理面前等级消解、人人平等的学术生态圈，一个没有人声称自己先决性地拥有真理、拥有对他人的裁定权，每个人都能发出自己的声音、都有权利要求被理解的迷人的自由王国，一个学术批评受到欢迎而不是被回避、敢于坚持真理、在充足的反证面前又敢于放弃的精神家园。

二、平台比模式更重要

实践检验与探索如何扎实展开并持续推进呢？"模式"和"平台"可能是大家绕不过去的两道坎。

模式的利与弊

在阅读、梳理中小学教学成果材料时发现，不少基层学校、教师不约而

---

① 普林. 教育研究的哲学 [M]. 李伟，译. 北京：北京师范大学出版社，2008：9.

同地聚焦到教学模式上，并且所建构的模式大同小异。如依托学案（或讲学稿、导学案、课案、导学提纲、活动单、助学稿等），按若干环节展开（如有"学进去—讲出来"两环节，"学案导学—交流展示—巩固提升"三环节，"读""议""展""点""练"五环节等），辅以具体规则要求（如教师点拨有三个方面的要求："一点点"，只点个别的共性问题；"点一点"，点到为止；"画龙点睛"，讲要点，揭示规律。为了保证"点"有效，教师还要做到几个"不"，如不布置课前预习、不进行课始复习、不过分精美导入、不课始讲解题旨、不轻易提示提醒、不预设问题情境、不许随便翻查资料、问题不暴露不导教、合作学习不走过场、不布置机械性作业等），渗透有效教学（或高效课堂）理念。

面对长期以来困扰着中小学课堂教学的教师讲、学生听、效益差的问题，这类教学模式注重指导学生自学，规范程序，提供课例，让大家直接有所启发，甚至可以参照着做，可行性强，在中小学校影响较大。无论是20世纪90年代江苏的洋思初中，还是21世纪初山东的杜郎口中学、山西的新绛中学，都曾吸引几十万、上百万人前去参观，成为当地教育一道亮丽的风景。

不过，统一模式与千变万化的具体教育教学情境是一对矛盾体，特别是情境中的人，无论教师还是学生，每个人都有自己的生活史，有自己教或学的经历，有自己独特的思维方式和行为方式。统一模式往往忽视这些差别，大家步调一致，一时间课堂教学可能会变得井然有序，改变了课堂沉闷等状况，提高了学生的学业成绩，但从长远看，学生的个性潜能可能得不到应有的释放。中小学一些教学改革案例表明，改革初始阶段引入某种新理念、新模式，有助于教师从旧的模式中走出来，提供若干可以参照的模式，便于教师将理念转化为实际行动，但从长远看，教学活动成了产品流水线，人成为流水线上的一个节点，只剩下自动而熟练的操作，没有了领悟和反思，也就少了变通、灵性，丧失了教学应有的个性，不能为学生提供其所需要的课程、教学和评价。长此以往，人就变成了没有思想的机器。实际上，课程改革实践会唤醒部分教师的专业自觉、反思与创新意识，他们不再满足于已有的模式，不会照搬他人的模式。

平台上的互动与生成

在今天，比模式更为重要的是平台。

中国古代建筑中的亭台，由几根柱子支撑，没有四面隔墙。人站在亭台间，望着"四方上下"的"宇"和"古往今来"的"宙"，体验着天地的阔大和人生的无涯。

现代互联网上的平台，既是软件运行的环境，也是这些软件产生的环境。譬如淘宝提供了这样一个环境，让想买东西的人与想卖东西的人都能够达成自己的意愿，通过交易来获得一定比例的佣金，让自己的平台能够维持下去。自己不占有"宝"，也不生产"宝"，却能让大家有"宝"可淘，这就是平台。这样，平台就成了人们交易、交流、互动、创生的舞台，它不仅比过去更加便捷，而且让大家走得更远、更好、更富有个性。平台即服务，它提供便捷的服务，让人欲罢不能。

与统一模式推进方式不同，基于平台的推进者，搭建一种交互平台，提供必要的服务，让一线教师在互动、对话、交流、碰撞中产生思想火花，不断创造出属于自己的丰富多样的教学策略、方式、方法等，让大家的智慧不断被激发出来，而不是机械地执行他人的模式。这是从复制走向创生的关键。

首届基础教育国家级教学成果奖获奖成果中，推进实践探索的平台建设主要有以下几类。

一是现场研讨和专题交流活动。几乎每项成果在实践探索过程中都安排研讨活动，既展示阶段性研究成果，也集思广益，深化实践探索。叶澜教授主持的新基础教育教学研究共同体，在探索性研究阶段，坚持每周召开一次教学现场研讨活动，强调评课中的"捉虫"效应（对行为背后的理念进行剖析）与"喔"效应；在发展性研究阶段，坚持每学期召开若干次专题讨论会和一次全国性研讨会，这些研讨无疑成了新基础教育创生新思想、新理论、新经验的流动集散地。[①]与此相关，叶澜教授的项目组十分重视学校教研组建设，期望通过日常教研活动来激发教师内在的专业自觉。

二是建设专题网站。一等奖以上的 50 项成果中，有 5 项提到开发了自己的专题交流网站，使实践探索过程有了展示、交流和辐射的载体。苏州中学园区校张昕等人在"湿地文化"课程（见图 3-1）的开发和实施中，开设了"湿地文化"专题网站，设有特色课堂、实践考察、师生研究、公益游学、大事记等十个栏目。还有教师个人开辟了"湿地文学博客"，有外国友好学校的网上研修链接，促进了成果在更大范围内的交流与分享。[②]网络平台打破了时空界限，便于更大范围的交流与分享，促进了跨界合作，且大大减少了成本。

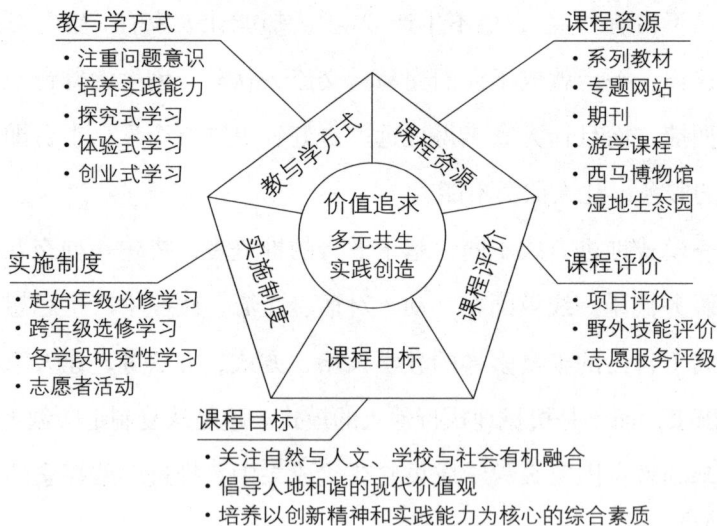

图 3-1 "湿地文化"课程框架

---

① 叶澜."新基础教育"发展性研究报告集 [M].北京：中国轻工业出版社，2004：8，31.
② 参见 2014 年基础教育国家级教学成果奖获奖材料《"湿地文化"课程的开发与实施》。

三是专门期刊。复旦大学附属中学以"阅读'中国人',书写'中国人'"课题研究为抓手,在实施彰显语文教育人文性的课程中,让学生写了很多经典阅读笔记。为鼓励学生,也为推进这种语文教育,研究者选取了优秀读书笔记推荐给全校学生,创办了《语文人物》校刊。该刊物成为学生构筑梦想、畅想人生、展示自我的舞台,也是学生为自己构建语文教育课程的平台。①

四是改革支撑或辅助平台。一等奖以上的 50 项成果中,有 23 项提到建设了相关资源或管理平台,为教学、评价、管理等提供资源或工具支持。如上海育才中学开发了课程管理数字化平台,实现了网上选课、排课、管理及过程性评价,保证了课程组织实施的科学有序。依靠平台跟踪每一名学生在各学程的学习情况,包括选课情况、各科学习情况、学分和学业成就积点等,保证每名学生的学习历程都进入学校的管理平台。②

再如北京大学附属中学依托网络开发教学专用工具,既为师生提供了可选择的资源,又为师生创造了合作探究空间,还实现了学生在"虚拟课堂"学习的同步、完整、准确的记录,为构建学习评价体系服务。借助网络,教育资源不再是高中示范校向普通完中校、农村校单向地输出,所有专家、教师、学生甚至家长可以共同参与建设课程,创造了一种具有开放性、生成性的课程形态和课程文化。③

从模式走向平台,这是近年来教学成果培育和推广出现的新动向。人们在借助网络平台催生教学成果的同时,并没有放弃原有的现场观摩、专题研讨、期刊编印等形式。3D 也好,4D 也罢,尽管画面很清晰,但还是无法替

---

① 参见 2014 年基础教育国家级教学成果奖获奖材料《阅读"中国人",书写"中国人"——彰显语文教育人文性的实践研究》。
② 参见 2014 年基础教育国家级教学成果奖获奖材料《普通高中学生个性化学程学习的设计与实践》。
③ 参见 2014 年基础教育国家级教学成果奖获奖材料《中学数学建模"双课堂"教与学的实践研究》。

代教学现场，因为现场才有生命的活泼、灵动和原创力。中国传统教研活动之一的公开课，因其"公开"机制而推动教师及其所属专业群体反复打磨，其教学内容的加工、情境的设计、教学语言的锤炼乃至整个课堂互动过程都存在着某些"表演""作秀"成分，偏离了日常教学情境，从而不断受到来自各方面的质疑，但它至今仍然为许多一线教师所关注。大型的公开课活动常吸引上千名教师参与或观摩，这不仅因为执教老师经受艰难的磨课可以加速自身的成长，而且听课教师也能从"示例"中直接受到这样或那样的启发。公开课形成的研讨气氛，大家被卷入的程度，教师主动性、积极性和创造性的发挥，这些都是严谨、正式的学术报告会难以比拟的。正所谓"欲说还休，却道天凉好个秋"。

三、对话机制

平台对教学成果的催生集中表现为不同思想观点的碰撞与新思想观点的生成。

对差异的尊重

"思想真正包含的是差异"，"去感受、去认识事物就是去认识事物之间、观点之间的差异"。[①] 差异是交往、沟通的前提，有差异才有交流、分享的必要。交流是对差异的尊重、理解；如果缺乏对差异的尊重，不喜欢与自己不同的观点，或者总是固守"我对你错"的思维模式，先验地表达了对他人的否定，一开始就关上交流的大门，就无法达成彼此间的理解，更谈不上从理解走向接纳。理解结成互动关系，没有了互动，只是单方面地告诉、传达、布置、操控等，就没有新思想的生成，没有实践共同体的形成，有的可能只是彼此间的貌合神离。当然，既然被称作"共同体"，也不能缺乏

---

① 拉波特，奥弗林.社会文化人类学的关键概念 [M]. 鲍雯妍，张亚辉，译.北京：华夏出版社，2009：9，87.

起码的共同点，如围绕同样的话题（专题、课题），使用统一的话语系统，有着对目标、任务的认同，遵守共同的信念、准则等。在一项"西部教学改革支持活动"①中，专家组经过研讨，决定研制《西部教学改革支持活动指南》，内容包括支持活动的目标任务、主要活动形态和方式、关键制度建设、倡导的几种精神、共同的行为准则等，印发给每个成员，作为大家行动和反思的参照，使大家能够在同一个活动平台进行交流研讨，走到一起进行实践探索。

共同体是一个温暖而舒适的场所，一个温馨的家，在这个家中，大家彼此尊重、相互信赖，有共同的归属感。以尊重差异为基础的共同体建设的主要机制在于对话。和谐的团队是不断对话的结果，对话好比是将团队成员组合在一起的神经细胞。

对话是与独白相对而言的。在一段具有逻辑的、连贯的独白中，主体所表达的意义是确定的，非此即彼，不能前言不搭后语、自相矛盾。而在对话中，说者与听者、提问者与应答者不断转换着角色，双方的言谈随着话题的改变而改变。每一方都不依附、受控于另一方，同时，一方又不能完全与另一方不相干，只能存在于双方之间，反映出一种主体间性。双方在持续的交流中相互影响、相互渗透，都有可能发生视界的交换、观点的改变，产生一种新的体验，进入一种新的境界。对话的真正意义就在于此。

对话的逻辑是敞开的，结构是开放的。这样一个敞开的过程是由问题引导的。问题提示着意义生成的方向，决定着求知之路，它比应答更重要。一旦问题没有了，被"消灭"了，对话就会终止，转入独白阶段。从探究的进程来看，独白是片段性的、暂时的，对话是永恒的。每一个独白都是在一定

---

① 教育部基础教育二司 2016 年启动的教学改革活动，重点面向西部义务教育阶段学校，以教学成果推广和培育为主要抓手，推动西部教学改革研究，提升基础教育内涵品质。首批纳入试点的西部省份有贵州、甘肃、青海、西藏。

的对话情境中诞生的，受到对话结构的制约和影响。与此同时，还要注意对话不同于以"聊"为目的的闲谈，不同于以"辩"为目的的争论，不同于以"商"为目的的妥协。对话的目的不是试图赢得对方，也不是相互做出妥协、各自做出让步。对话所关心的始终是意义的交流与分享，使每个参与者都从中受益，这就需要开放的倾听、谦卑的外推和自觉的反思。

开放的倾听

对话包括倾听和表达两个方面，两者构成了一个不断生成新知的螺旋式上升的循环过程，其中的关键环节是倾听。倾听，是因为我们不能"看见"所有东西，尤其是我们习惯于向外看，不能直接看清自己，也不习惯于看自己。有倾听，才会引发他人的充分言说，才会从他人这面镜子中认识自我。倾听中伴随着提问、解析、意译、补充等，乃是为了帮助他人澄清其想法。倾听远比表达更能接纳他人的问题。言说行为有时免不了暗含着一种指导甚至训诫对方的霸权，而倾听则意味着对他人的尊重，意味着对他人的视角、思路、知识及信仰的积极关注，它是积极对话的起点，也是关键点。人我关系是相互定义的，他人是与我互为支援的思想资源，是我们进行实践探索的重要伙伴。一旦他人变成与己无关的"别人"，他人异样的心声就被忽略，而别人与"我"同样的声音才变得重要，才引起"我"的关注，别人与"我"的思想交流过程也就被简化为是否同意"我"的观点、主张、信仰、准则等。如此，对话也就变成了"我"的已有知识的"告诉"与别人的"服从"，甚至变成了人我之间的"交易"，也就不可能产生新知，形成不了所谓的"互动知识"。

培育教学成果作为创造意义的实践过程，其对教学活动意义的追寻是无止境的，它涉及教与学关系的建立、教学中的人对知识意义的建构以及教学研究共同体成员间的互动，不可能也不应该变成单个人的独白，只能在开放的倾听中逐步建构起来。

谦卑的外推

每个人都是基于自己的已有经验与认知结构，建构不同的实践和理论。无论是个人生活世界，还是专业领域，皆有自己的独特性、有限性乃至封闭性，形成千差万别的"微世界"。所谓外推，就是设法走出自己的小天地，尝试用他人能够理解的言语来表达自己所熟悉的"微世界"。[①] 外推离不开表达，但又不同于一般的表达，它不是对"我"已有"微世界"的简单复述、以"我"为中心的言说，而是试图用他人能够接纳的方式进行表达。表达的过程，便是走出自我、获得"解放"的过程。它不是为了取悦别人（无论是争辩还是诉诸情感）而改变自己的主张，只是谦卑地邀请他人分享自己所熟悉的实践经验或学术成果，期待着别人的理解和接纳。注意，这仅仅是一种尝试、一种期待，甚至是一种观念的冒险。

在研讨过程中，言说者下列几种不当表达很容易造成彼此关系的疏远：第一，想方设法地求证，证明自己的主张正确，津津乐道于自己所建构的"微世界"；第二，听从内心的冲动，直陈自认为对方的错误，只关注那些在"我"看来是错误的地方，这有时被认为是坦诚的表现，但通常情况下会令人不快，是不明智的；第三，笼统地肯定他人，含糊其辞，不发表任何批评，给人一种一切都好的印象，其实容易造成误解或误导。明智的选择：对自己的想法或举动做出解释，以保证双方讨论的是同一问题；提出值得肯定的地方，以便让对方保留和发扬这些东西；表达自己的担心和建议，期待对方做出回应。在这里，对和错不是最重要的，大家彼此接纳才是最要紧的。如果只考虑谁对谁错，就等于承认了有一个绝对的标准凌驾于对话之上。退一步说，如果有什么标准的话，那么这个判断正误的标准也应该在对话之中生成，并内化在对话过程之中，落实在人心与人心的相互期待中，心与心的

---

① 黄光国.社会科学的理路 [M].台北：心理出版社股份有限公司，2001：431.

和谐（而不是知识与对象的一致）变成了共同体生活的基本准则。

自觉的反思

谦卑的外推更进一步的目的是，透过别人的观点与世界来帮助我们更清楚地认识自己的无知、盲点以及对社会与混沌世界的责任。"一个解释系统不能解释自身"，"一种说明性原则对自身是盲目的"，[1] 任何一个概念系统或经验领域必然包含着一些只能在系统或经验之外才能回答的问题。从严格意义上讲，对话式研讨很难直接发现真理，而更多的是促使对话参与者视界敞开，促进其对自我展开研究、对自身教学所依赖的那些不言而喻的预设、前提进行澄清、质疑与批判，进而解构已有探索过程与结论（当然不是无原则的放弃）。恰如苏格拉底自比的那样：自己并不生育，而只是"助产婆"（按古希腊的习俗，只有自己不生育的妇女才能做助产婆）。这种自觉的反思使对话式研讨常常不像独白那样轻松，因为它需要转换视角，追问一切可以追问的东西，使原以为简单的问题变得复杂起来，使原先熟知的知识变得有些陌生。这意味着获得新生，意味着新境界的开始！

> 子路、曾晳、冉有、公西华侍坐。子曰："以吾一日长乎尔，毋吾以也。居则曰'不吾知也！'如或知尔，则何以哉？"子路率尔而对曰："千乘之国，摄乎大国之间，加之以师旅，因之以饥馑；由也为之，比及三年，可使有勇，且知方也。"夫子哂之。"求，尔何如？"对曰："方六七十，如五六十，求也为之，比及三年，可使足民。如其礼乐，以俟君子。""赤，尔何如？"对曰："非曰能之，愿学焉。宗庙之事，如会同，端章甫，愿为小相焉。""点，尔何如？"鼓瑟希（稀），铿尔，舍瑟而作，对曰："异乎三子者之撰。"

---

[1] 莫兰 . 方法：思想观念 [M]. 秦海鹰，译 . 北京：北京大学出版社，2002：205.

子曰："何伤乎？亦各言其志也。"曰："莫（暮）春者，春服既成，冠者五六人，童子六七人，浴乎沂，风乎舞雩，咏而归。"夫子喟然叹曰："吾与点也！"三子者出，曾皙后。曾皙曰："夫三子者之言何如？"子曰："亦各言其志也已矣。"曰："夫子何哂由也？"曰："为国以礼，其言不让，是故哂之。唯求则非邦也与（欤）？安见方六七十，如五六十而非邦也者？唯赤则非邦也与（欤）？宗庙会同，非诸侯而何？赤也为之小，孰能为之大？"①

孔子发问，引出弟子谈志向。他之所以只赞赏曾点的主张，是因为曾点用形象的方法描绘了礼乐之治下的景象，体现了"仁"和"礼"的治国原则。孔子择机表达了自己的政治理想，但这不妨碍弟子有各不相同的政治抱负，他不是把自己的政治理想强加于弟子，而是给他们适当的点拨和启发。这就是经典，对话的经典。

四、勇敢地面对时间的考验

国务院发布的《教学成果奖励条例》明确规定，教学成果必须"经过2年以上教育教学实践检验"。首届基础教育国家级教学成果奖一等奖以上获奖成果共 50 项，其中，经过 10 年以上实践探索和检验的有 35 项，占比 70%。

时间的沉淀

将较长时间的实践探索和检验作为国家级教学成果奖申报和评选的基本条件，有着多方面的原因。

一是改革以思想为先导。真正的思想必须付诸实践（那些不能实践或者不打算实践的是空想，不能称为思想，更不是理想），并且任何思想都有一

---

① 出自《论语·先进第十一》。

个随着实践不断充实、发展和完善的过程。改革思想不能只是用文字符号来表达，更重要的是用实践方式加以诠释。只有在实践中做出成效来，才能说拥有了思想，拥有了真理，拥有了真正的发言权。思想是经验的积累，而经验是时间的沉淀。

二是素养在日积月累中养成。教育教学改革锁定的重要目标，如学生服务祖国和人民的社会责任感、勇于探索的创新精神、善于解决问题的实践能力等，那些适应个人终身发展和社会发展所需要的必备品格和关键能力（详见北京师范大学课题组发布的《中国学生发展核心素养》，具体包括三个方面、六大素养、十八个要点），都不是短时间内可以见成效的，需要长期地、坚持不懈地加以培养，持久地下功夫。我们要给教育理想留出时间。除了日积月累的努力、积淀，教育发展没有捷径可言，那些所谓的"高效法""速成法"一般都不可信。

三是学校教育的周期长。中小学学制、课程、教材等本来设计、试行的周期就很长。一个学段少则 3 年，多则 6 年。一门学科在中小学的开设是以学期、学年为单位计算的。

四是反复多轮的实践探索。优秀教学成果不能限于小范围的试点，应当惠及更多的中小学生，取得广泛的社会认可和教育效应；同时，也应该用更大范围的试行结果来说明成果的应用价值，扩大自己的专业影响。

从时间维度对获奖成果做分析，我们看到，一部分成果开始于 21 世纪初新一轮课程改革启动之后，围绕课程改革所提出的问题或挑战展开，如校本课程开发、综合实践活动探索、高中通用技术课程实施、学生综合素质评价、以校为本的教研制度建设等，它们是 21 世纪新一轮课程改革的亮点，也是难点所在，如唐江澎等人的《江苏省锡山高中学校课程体系的整体建构与实践创新》、鲁洁等人的《儿童道德生活的建构——小学德育课程改革与实践研究》、张国华等人的《基于初中学生全面健康成长的考试与评价体系研究与实践》等。另一部分成果的实践探索始自改革开放之初，甚至更早，它们过去已有较长时间的实践积累，在新一轮课改启动之后有了新的生长点和新的发展，如李吉林的《情境教育实践探索与理论研究》、窦桂梅等人的《小学语文主题教学实践探索》、马安健的《复式教学实验与研究》等。后者在获奖成果中不是少数。这里仅就其中的《情境教育实践探索与理论研究》成果的培育过程做一具体分析。

改革开放之初，李吉林老师不满当时小学语文教学"单调、呆板、低效"的现状，引进外语情景教学方法，对学生进行语言训练，又从中国古典文论的"意境说"中汲取营养，提出"情境教学"的主张，在实验中总结概括出情境教学促进儿童发展的"五要素"：以培养兴趣为前提，诱发主动性；以指导观察为基础，强化感受性；以发展思想为核心，着眼创造性；以激发情感为动因，渗透教育性；以语言训练为手段，贯穿实践性。后来，李老师又及时将情境教学的思想方法向思想品德、数学、音乐、体育、美术等学科拓展，从空间、主体、距离、目标等方面建构起立体化的情境教育模式，提出：在情境教育推进过程中要拓展教育空间，追求教育的整体效益；缩短心理距离，形成最佳的情绪状态；利用角色效应，强化主体意识；注重创新实践，落实全面发展的教育目标。21 世纪初，适逢国家启动了新一轮基础教育课程改革，李老师抓住机遇，以自己独特的理念与方式予以积极的回应，致力于情境课程的开发与研究，具体展开了"学科情境课程""主题性大单元课程""野外情境课程""过渡性情境课程"等方面的研究，建构"美、智、趣"的儿童生活空间，丰富了儿童的精神生活世界，并且进一步探索完善课堂操作模式，从脑科学中寻求理论支撑。38 年的改革探索与实践，大致经历了三个重要阶段：为了儿童学好母语，探索情境教学；为了儿童的整体发展，开拓情境教育；为了情境教育大众化，开发、建构情境课程。三个阶段，也是研究的三级台阶，每上一级台阶就是一次飞跃，又不失该研究原有的个性特色。前两个阶段为情境课程的开发、建构做了重要的铺垫；同时，新一轮基础教育课程改革为原有教育教学改革实验的发展与深化研究提供了很好的契机。几十年的辛劳、坚守与定力，为儿童的学习持久地下功夫，点点滴滴，沉淀为精神的沃土，让希望发芽，让真、善、美在孩子的心田生长，既诠释了基础教育教学成果的内涵，也诠释了什么是真正意义上的教育。

永恒的才是优秀的

亚里士多德说，优秀的会成为永恒的；反过来讲，永恒的才是优秀的。真正的优秀一定能够经得起历史的考验。规章制度也许可以在一夜之间改写，而人的内在品质、精神素养只有在漫长的学习中才能逐步形成。急于宣布某种思想更新、某种模式转型、某种历史改写等，也许本身就是个错误，显然忘记了历史的巨镜，忘记了"时间"这把无情的尺子。历史上总是有那么一些人，一不小心误会了自己，把自己想象得太过聪明，声称自己发明了什么万能的教学方法、一两周内就能见成效的教学模式，甚至还自封"当代著名教育家""某某教学法创始人"等，而时间总是不徐不疾地将误会澄清。我们的心灵总会有一种获得别人肯定的希望甚至渴望，而这种渴求程度与对自我的态度密切相关。对别人的肯定过于渴求总是折射出心灵深处的自卑、自我的脆弱，这说到底是一个如何把心安住，把注意力集中到自己所希望的方向上的问题。守住心中的那份宁静，才能直观自我，从内心深处发现些什么，获得我们所期待的成长。

在世界各国家、各民族中，中华民族是一个非常尊重历史的民族，有着完善的史官制度和严谨的史学精神，自黄帝以来，即有史官的设立，一直到清代，没有一代没有史官，这是世界其他国家、其他民族所没有的；同时，世界上任何一个民族，没有比中国把教育看得更重的[1]。我相信中国教育

---

[1] 钱穆.中国历史精神[M].北京：九州出版社，2016：99.

的历史巨镜，相信检验教学实践的时间巨人！或许每个人只有在学会直面时间巨人的时候，才能最大限度地克服自己的骄狂，使心灵产生最高的宁静和德性。

五、不断拓展实践的厚度

不同的教学成果，可能实践检验的长度差不多，如都是3—5年，甚至更长，但分量各不相同，原因之一是实践的厚度不同。好比物体的位移，不是在一个水平面上，而是在一个需要不断攀登的斜面上，随着时间的推移，坡度越来越大，物体在斜面上的印痕也越来越深，哪怕只是坚守也会变得十分艰难。

是什么原因造成了实践厚度的改变呢？具体包括这样两种情况：内生与外压。

内生

这主要是由内在原因造成的，即外在的环境没有发生重大改变，成果本身内在因素发生变化，使成果变得更加明确、清晰、立体、多元、丰富、充实。

这样的成果如江苏省徐州市张振华等人的《传统文化课程资源建设——"沛县封侯虎"（布老虎）校本课程开发与实践》。相传公元前202年，刘邦开创大汉基业，封将侯达143人，其中沛县23人。古沛县民俗礼常为大红"封侯虎"，寓意孩子健康、红火，将来能立志成才。张老师以封侯虎为载体，开发校本课程，保护非物质文化遗产，传承中华优秀文化。他从1995年年初就开始尝试在教学中融入民间玩具，让学生欣赏并制作封侯虎。2004—2009年，为进一步实现育人功能，张老师把封侯虎课程分成初级、中级、高级三个层次。初级层次是"走进封侯虎"，让儿童了解制作材料、程序、方法以及外部装饰，感悟封侯虎文化。中级层次是"学做封侯虎"，让儿童学做不同的封侯虎，并将其与现代绣花技术整合，让儿童进一步体悟乡土文化的魅力。高级层次是"创造封侯虎"，要求学生依靠三维立体设计、动画、微电影、3D 打印技术进行主题和形式设计，让封侯虎动起来。2009 年之后，张老师和他的团队着力进行数字化资源库、学习过程跟踪评价体系等自主学习互动平台建设，积极开展田野考察，发展封侯虎艺术推展中心等社团，进一步营造民间文化学习氛围。

近 20 年的实践探索，封侯虎校本课程目标越来越清晰，内容要求有了梯度设计，资源越来越丰富多样。拥有了实践的厚度之后，成果也就变得越来越有分量了。

正因为教学成果内容即教育教学改革方案在实践检验中越来越丰富、多样，越来越完善、充实，我们很难将方案研制与实践检验、推广两者之间明确分开。技术产品会不断改造升级，不少教学成果也有多个轮回的转型，是迭代更新式的。

外压

这主要是由外在原因造成的，即成果本身内在要素没有发生重大改变，只是因为成果赖以生长的条件变了，变得越来越不利了，其他同类成果都夭折了，它却顽强地挺立着。

这类成果如英国百年夏山学校的办学理念——始终坚持给孩子们自由，让他们按自己的意愿成长；给孩子们权利，让他们掌控自己的人生；给孩子们时间，让他们能够自然地成长；给孩子们快乐的童年，保证他们不会感受到成人制造的压抑和恐惧。

夏山学校于 1921 年创办，到了 20 世纪 60 年代，英国发布《学校修正法案》，开始引入"绩效考核机制"。该制度通过对在校学生读、写、算能力的抽查，来决定学校获得政府拨款的额度，不少公立学校办学被迫转向，像夏山学校这样的私立学校成了冒险举动的保留地。到了 80 年代末，英国颁发国家课程标准，对各学校成绩进行排名，私立学校也不得幸免。英国皇家督学团于 1999 年对夏山学校进行了一次督查，认为该校的办学理念与作风严重阻碍了学生的发展，造成学生成绩不佳的根本原因是非强制性上课的方式，并发出整改通知。如不加以改正，学校将面临关闭。夏山学校对此进行了上诉，其后在长达数年的诉讼中赢得了公正的判决，捍卫了自己的"以孩子为本"的办学理念。[1]

夏山学校的经历让我想起《论语》里孔子说的话："岁寒，然后知松柏之后凋也。"春天来到，绿草如茵。及至夏季，众木茂盛。待到秋天，许多树木果实累累。直到寒冬，众卉尽枯，唯松柏苍翠，生机盎然，其生命因此而有了与众不同的厚度。

我国正处在从传统的农业社会向现代工业社会、信息社会转型的时期，我们取得了经济的高速发展。这既离不开教育的大力支撑，也给教育带来了前所未有的挑战。首先是城镇化步伐加快给教育关系带来不利影响。学生的健康成长直接依赖于良好的教育关系（师生、同伴、亲子）的建立。2016年，我国城镇常住人口占总人口的 57%，预计到 2020 年将达到 60% 以上。伴随着城镇化过程中出现的 6000 多万留守儿童，70% 的儿童一年见不到父母一面，这在西部农业省份最为严重，它不仅给儿童的学业造成了负面影响，而且削弱了儿童的社交和情感能力。处于社会竞争中的家长忙碌而心神不定，自身不学习却喜欢教导孩子，缺乏与孩子一起学习的意识，加上"人德共生"的家教家风传承不够，形成青少年儿童成长的先天不足。与留守儿童不同，流动儿童面临着文化适应、学业水平提升、蜗居等多方面的压力，难以融入现代城市。来自不同家庭背景的孩子同在一所学校、一个班级学习、生活，彼此间存在一定差异和隔阂，也会对良好教育关系的建立带来不

---

[1] 沃恩.夏山学校的百年故事：献给当代的教师、校长和家长 [M].沈兰，译.北京：教育科学出版社，2017：145-166.

利影响。其次是社会竞争加剧对理想信念教育带来消极影响。广泛的社会竞争及其背后的趋利动机，特别是由此引发的急功近利的心态，反映在学校教育中，主要表现为为了追求高分，强化解题训练，忽视促进儿童健康成长的丰富内涵。近年来，不少地区和学校加大了课程改革力度，学生课堂表现有所进步。中国青少年研究中心于 1999 年、2005 年、2010 年、2015 年四次调查儿童发展状况，发现小学生和初中生学习兴趣、课堂满意度在提升，在校学习时间在缩短，但家庭作业时间和参加社会辅导班的时间在增加，睡眠不足。"不能让孩子输在起跑线上"被社会培训机构不当炒作，误导着家长和孩子的择校动机。学生学习目的的个人价值取向逐渐高于社会价值取向。与此相关的是人格养成环节最为薄弱，综合素质培养存在明显缺陷，与社会需求脱节。最后是教育治理滞后给整个教育生态带来负面效应。如今家庭正在被日益深入地卷进教育领域，各行各业越来越关注学校教育，社会舆论对教育的干预也越来越强，但由于法治不够健全，教育治理相对滞后，各利益主体权责不清，其间不乏错位、失序以及对教育的不当干预。21 世纪以来，一方面，"GDP 主义"政绩观日益向教育渗透，地方政府注重用考分、升学率评价一个地区、评价中小学教育质量，几乎绑架了整个基础教育；另一方面，真正困扰着学校教育的大班额、教师队伍结构失衡等问题得不到缓解。不少学校和教师深陷其中，难以自拔，逐渐失去育人的热情和理智。在这样的现实困境中，坚持立德树人方向，坚定教育理想信念，深入推进教学改革，就显得弥足珍贵。

实践检验不可能无限地拉长，时间对每一个人来说都是有限的，我们需要更多地通过不断拓展实践的厚度来增加成果的分量，提升课程、教学和考试评价的育人价值。

六、最有力的证据

对实践的预期是一回事，实际的教育教学效果是另一回事。通常实际效果并不如行动者的预期那么明显、有效，特别是将小范围试点的经验推而广之的时候，其效果或许有些不一致，甚至会与预期相左。不管结果如何，我们得如实记录实践检验过程，特别是关注学生的学习与生活、行为与心态到底发生了什么样的变化，拿出客观的、可以加以考证的事实、数据，而不能主观臆想。据说亚里士多德也不知道出于什么理论推算，认为女人的牙齿比男人少。他结过两次婚，为什么就不数数自己的妻子有多少颗牙齿？对于实践性研究来说，事实、数据就在我们的眼前，在我们的身边，在我们自己的行动中，只是有些人少了这种随时记录、收集、整理的意识和习惯罢了。

有内在关联的描述

面对着教育教学活动的"万花筒"，我们到底该记录些什么？可能有些人习惯列举标志性事件，如学生、教师、学校、地区等在上级行政部门、事业单位、学术团体举办的各类竞赛、评比中获奖。诸多竞赛、评比是否规范暂且不论，在这些竞赛、评比中获奖与课程教学改革到底有没有关联？如有，又存在着怎样的内在关联？有些获奖确实是因为改革本身给师生提供了更多的发展机会，而有些获奖可能与特定的改革关系不大，甚至有些竞赛、评比与改革的基本理念相悖。如果我们的改革一开始就瞄准这些奖牌、称号，竞赛获奖成了日常工作的出发点和归宿，那么，整个教育教学过程一定是被扭曲了的，让人难以接受。

媒体对改革的报道通常也被看作"标志性事件"。媒体的报道促进了教学改革经验的交流、扩散、传播，但不一定符合专业的要求。比如，课程改革实验中设立"样本校"，乃是一种取样方式，关注其代表性，而有些媒体将其拔高为"样板"，与实验研究的意图不相符。报道者有时充当专业人士妄加评论，容易混淆视听。我们还是应该回到教育教学的现场，对教育教学行为本身进行观察、记录、描述。因为改革理念总要转化为教学行为，落实在课堂上，落实在课外活动中。如果师生的日常教学方式和学习方式发生了积极而深刻的变化，就可以说改革是富有成效的了。我们看下面一段关于改革成效的描述。

> 学校给学生提供了 265 门学科课程、30 门综合实践课程、75 门职业考察课程、272 个社团、60 个学生管理岗位、271 间学科教室、1430 个教学班、5600 平方米的公共空间，全校 4174 名学生按照 4174 张各不相同的课表上课，93.5% 的学生认为现在学习的课程内容适合自己，而认为课程的难度和进度适合自己的学生比例分别达到 93.5% 和 92.6%。[①]

这样的描述抓住了高中课程改革的关键环节——选课走班制，用具体数据说明了选择的多样性。对学生来说，进行充满困惑的选择本身就是一种真实的成长过程，一种追问自我、经受挫折、摆脱依赖、主动追求的个性化成长过程。对教师来讲，从过去选择班级、选择学生，到现在破天荒地置于被学生选择的地位，这便是前所未有的挑战。如此关键教学行为的描述用来说明学校转型后的变化，是深刻的，也是有意义的，可以被视为一种"深描"。

对内在联系更为严格的检验应该是小范围的受控实验。中国科学院卢仲衡研究员主持的"中学数学自学辅导实验"，便进行了一系列关于自学辅导与常规教学两种不同情景下学生注意力、思维水平、记忆准确性与持久性等

---

① 李希贵，等. 学校转型：北京十一学校创新育人模式的探索 [M]. 北京：教育科学出版社，2014：242-243.

问题的对比实验。上海青浦县数学教学改革实验团队于 1981 年在开展"尝试指导、效果回授"教学改革实验的同时，设计了三个辅助实验：（1）"尝试指导"与"效果回授"两个因素的实验；（2）课堂教学评价实验；（3）学生解题思维过程评价实验。1986 年，又开展了"面批鼓励在数学练习中的反馈效应"实验。四个辅助实验属于同一研究整体，统一于主课题实验之中，确保改革的效应得到有效的确证。目前，这类受控实验在教育研究中已很少见到，何故？

对学生后续发展情况的追踪

早就听说过世界上最著名的儿童民主学校——夏山学校的故事，也读过该校创办者尼尔的书，知道"在那里，爬树和搭个小窝的重要性不亚于分数。在那里，如果你想的话，可以冲着老师大喊大叫。在那里，规范日常生活的各项规定是由大家一起民主协定的。在那里，如果孩子想的话，他们可以整天玩耍……"[1]。

不过，这样的学校培养出来的孩子究竟如何？对此我总是持怀疑态度。最近读了《夏山学校毕业生》一书，我打消了部分疑虑。15 个毕业生讲述夏山学校没有必修课、学生自治、男女平等相处等方面的经历，验证了尼尔的教育主张不是空的，而是实实在在发生了。每个人的回忆不约而同地提及夏山学校的民主教育，在成人和孩子之间建立了真实的联系和真诚的关系，由此而形成的积极乐观的生活态度影响着自己的人生。

　　"尼尔使我能够向生命学习，使我不惧怕生活。"[2]"我一辈子都很少感到生活枯燥。我懂得享受独处，也乐于与人交往。"[3]"自

---

① 沃恩.夏山学校的百年故事：献给当代的教师、校长和家长 [M].北京：教育科学出版社，2017：1.
② 侯赛因·卢卡斯.夏山学校毕业生 [M].王靓，译.上海：华东师范大学出版社，2015：14.
③ 同②，第19页。

治会议是一个尤为重要的元素，是学习理解他人和解决分歧的绝佳途径。"[1]

"最重要的是成年人与孩子之间的真实联系，夏山人的行为中流露着真诚。"[2] "夏山非常了不起的一点是搭起了校园生活和成年后独立生活的桥梁。"[3] "我离校后仍有数年依赖着夏山。"[4]

"我不觉得夏山耽误了我的学业，相反，正是因为夏山没有使我反感那些学科，才保留了我继续探索未知的兴趣。"[5]

夏山学校拯救了一批所谓"差生"——通常是学术性功课成绩不良者，他们在非学术性领域找到了自己的发展空间，同样拥有了幸福的生活。当然，毕业生的回忆中也有提及夏山学校不可取的地方。

"有一点也许是她在这样的学校学习所错过的，那就是专注。"[6]

"夏山学校最大的缺陷是运动设施太少。"[7]

"夏山给了学生人格充分发展的空间，但同时使人难以融入社会"，因为夏山"与周遭格格不入"。[8]

读到这些有关夏山学校留给毕业生的遗憾，并没有影响我对夏山学校的亲近感，反而添了几分信赖感。有独特思想和办学特色的学校可能只是较好

---

[1] 侯赛因·卢卡斯．夏山学校毕业生 [M]．王靓，译．上海：华东师范大学出版社，2015：19.

[2] 同[1]，第 99 页。

[3] 同[1]，第 45 页。

[4] 同[1]，第 45 页。

[5] 同[1]，第 56 页。

[6] 同[1]，第 14 页。

[7] 同[1]，第 237 页。

[8] 同[1]，第 240 页。

地适应了部分儿童的成长需求，很难为每一个孩子量身定做，它本来就不应该是十全十美的。十全十美只会在某些文人的笔下、在想象中发生。

基础教育内涵品质到底如何，恐怕不能只用眼前学生发生的事实、数据，尤其是考取大学的人数来衡量，更重要的是对学生终身发展情况进行持之以恒的跟踪，看其发展的潜力、后劲到底如何。要观察基础教育对学生的一生到底产生了怎样的影响，特别是它能否帮助个体发掘自己的潜能，使生命最大限度得以绽放。如此，那些 10 年、20 年乃至更长时间的毕业生的集体记忆也就非常珍贵了，因为它是一个群体经历了某种教育的洗礼而共享的印记，恐怕没有什么比它更能说明基础教育对人的一生到底产生了怎样的影响，也许它才是评价基础教育教学改革成果的最终标准。

山西省芮城县风陵渡中学 40 余年来致力于组织学生开展服务"三农"实践活动，培养学生的综合素质。① 该校是这样描述其实践成效的。

一是较好地实现了让每一名学生都获得成功的培养目标。风陵渡中学随着立体化服务"三农"综合实践课程体系的创设与完善，已逐步形成既有升学预备教育，又有就业预备教育的农村综合高中办学模式。建校 50 多年来，我校先后为高等院校输送了 9000 多名合格新生，其中有 21 人获博士学位，69 人获硕士学位，23 人出国留学。同时，我校也为当地培养了两万余名懂技术、会经营的高素质实用人才，较好地实现了让每名学生都成功的培养目标。回乡的学生中有 1000 余人成为当地农业技术人才，在社会主义新农村建设中发挥着骨干带头作用。

二是提升了学生的综合素质和创新实践能力。长期坚持服务

---

① 参见 2014 年基础教育国家级教学成果奖获奖材料《在服务"三农"综合实践活动中提高学生科学素养的长期探索与实践》。

"三农"综合实践活动，使学生逐步树立起正确的世界观、人生观、价值观，培养了学生"自立、自治、自学"的学风，增强了爱农业、爱农村、爱农民的思想情感。师生先后完成省级以上科研单位任务45项，培育出小麦、大豆、玉米等优良品种40多个，探索研究出苹果、花椒等经济作物栽培新技术20余项，每年学生的优秀小发明作品均在200件以上，先后获国际金牌1枚以及国家级金牌6枚、银牌4枚、铜牌3枚和各种奖证300余件。姚引丹、姚引红两名同学培育的80（4）-1小麦新品种在北京国际发明博览会上荣获金奖，一度作为当家品种引领了小麦生产。2013年，风陵渡中学学生收集农耕文明实物的实践活动在第28届全国青少年科技创新大赛中获得一等奖，同年我们还举办了农耕文明实物展并组织学生对农具进行仿制、改进。学校先后被评为全国青少年科技创新实践竞赛活动优秀组织单位、全国中学生创造力培养示范学校、宋庆龄少年儿童科技发明示范基地。

三是带动了当地经济社会的发展。面向全县推广的苹果幼树轻剪、花椒拉枝技术，有1800多人掌握应用，全县10万亩苹果、10万亩花椒每年可增收3000多万元。"猪—沼—果（粮）—猪"养殖种植小试验带动了当地循环农业的发展。垃圾处理现状调查报告催生了阳城镇常村等跨村联片环境整治工作。芮城县植被资源及保护调查报告，成为芮城县"建设国家级生态文明县"发展战略的决策信息之一。泥沙流成因的调查报告为当地小流域治理提供了参考。阳城镇红枣产业发展调查报告为阳城镇政府引进年加工红枣3.5万吨的枣业公司，延长红枣产业链，增加就业，提高效益，提供了第一手资料。2000年以来，在返乡的学生中，有630多人担任了乡村科技干部，420多人成为各级科技带头人和当地致富能手。如返乡毕业生赵飞鹏被群众誉为"枣树神医"，他以校本教材中的知识为基础，探索研究枣树管理及病虫害防治，创立了当地第一个农民合作社，使阳城镇及周边的枣树管理由粗放型走上了精细化、集约化发展的道路。他研发的枣树防雨棚，有效地防止了红枣成熟期因雨水过量引起的减产，提高了红枣的品质，培养出枣业示范户150多个。返乡毕业生姚海霞凭着自学的养猪技术，创建起生猪养殖场和仔猪繁育基地，创造出年收入50万元的效益，成为全乡养猪户的"状元"。她带出30余户规模养猪户，为投资12亿元的浙江温氏100万头生猪养殖一体化项目落户当地创造了有利条件，这个项目转移劳动力1200个，年粮食深加工30万吨，带动了1000余户参与合作养殖。返乡毕业生王作弟创办的山西海泰电子材料股份有限公司，填补了国内生产彩色液晶显示材料的空白，年产值达2亿元，利税3800余万元。返乡毕业生赵向勤，办起风陵渡首家花木公司，业务拓展到全省，固定资产达500万元，年产值达7000万元。他们为转移农村劳动力、推动城镇化建设做出了贡献。

四是促进了师德师风建设和教师队伍整体素质提升。在"关爱生命，注重实践，自主成长，多元发展"办学理念的引领下，风陵渡中学形成了"团结奉献，实干争先"的良好校风，教师们都把能带好一门文化课、能开发并带好两门以上爱农课程作为目标。学校涌现出全国劳动模范卫广法、全国新课程改革先进工作者姚忠学、全国优秀教师张新民、全国优秀特色教育工作者安宏斌、全国优秀科技辅导员刘忠勤等一批优秀教师。在他们的带动影响下，青年教师快速成长，每年都有数十篇教育论文发表，已有十余个国家级课题结题，有一批教师获得各种荣誉。

五是扩大了学校的社会影响。学校因为服务"三农"的较好成绩先后被确定为山西省首批重点中学、山西省示范高中。学校被表彰为全国精神文明建设先进单位、全国劳动技术教育先进单位、全国中学生实践活动先进单位、全国特色中学以及山西省教育红旗单位、文明和谐单位标兵、模范单位等，连续19年被评为运城市教学质量先进校。2012年6月，《人民日报》对我校办学方向和服务"三农"成绩进行了报道；2013年8月，《中国教育报》报道了风陵渡中学农耕文明实物传承活动。由于学校声誉日益提高，办学规模也日益扩大，学生数量由1995年以前的500人扩大到现在的3000余人。学校被教育部树立为全国农村教育改革的先进典型。

读了上述成果的描述，我会感受到该项成果沉甸甸的分量。一所农村中学见证了40余年农村教育改革的历史，成为全国农村中学改革的一面旗帜。40多年来，风陵渡中学为此做出了怎样的努力？

在这里我想用冰心先生的一首诗表达对这所学校的敬佩——

> 成功的花，
> 人们只惊美她现时的明艳！
> 然而当初她的芽儿，
> 浸透了奋斗者的泪泉，
> 洒遍了牺牲的血雨。

第四章　成果总结

以下是山东省章丘市第四中学刘清涛老师撰写的《高中地理学科实践性学习探索与实践》成果概要。

高中地理实践性学习是依据国家课程标准，找到学习与生活的结合点，把地理知识和生活经验相结合的学习方式，是在实际情境和实践活动中进行的学习。

教学中我们发现，很多学生感到学习有难度并不是因为知识本身难度过大，而是因为学生缺少生活经验的支撑，无法实现知识学习的同化和顺应。鉴于此，2008年9月以来，我们逐步建立完善了知识学习和生活实践相互补充、相互支撑的大课程教学体系。

我们依据高中地理课程标准开发了43个高中地理实践性学习项目，设计了每个专题的实施方案。如在"地壳运动"的学习中，设置了胡山综合考察项目，在"人口迁移"的学习中开发了家族人口变迁史的调查项目等。我们结合地理教学进度，在学期初、周末、寒暑假、小假期结合所学内容布置相应项目，通过提供实施建议、布置任务、说明注意事项、展示学习成果等环节，进行高中地理实践性项目的学习。我们把学生的实践性学习项目成果进行汇编，创办了《探索者——基于学科教学的实践性学习》期刊，并扩展到生物、历史、化学、政治等学科，改变了学生的学习方式。

该探索在2015年全省远程研修中作为典型案例供全省地理教师研究学习，我校教师在第二届全国教育改革创新会议上做典型发言，国家督学张志勇称该探索为"县域高中学科教育的破冰之旅"。

结合上例阅读本章，着重思考以下问题：

★刘老师的成果概要有没有遗漏最重要的信息？从中我能很快了解这是一项什么成果并初步判断它有什么价值吗？

★对教学成果的过程和结果进行系统梳理，要抓住哪些关键环节？需要注意哪些问题？

对改革创新过程和结果进行科学的总结梳理，形成有灵魂、有骨架、有血肉的成果报告，是教学成果培育的关键环节之一。它的意义不仅在于能够更好地与同行交流，发挥成果应有的示范、辐射作用，而且总结梳理本身是一个不断完善成果、提升自身素质的过程。回过头来看，静下心来思考，我们才有可能少走弯路，鼓足勇气，走得更好、更远。因为有了新媒体助力，"网络天下""触摸世界"，数字、文字、模型、图像、音乐等人所创造出来的东西，越来越不可思议地成为决定性的力量。现实，那个被视作具体实在的社会生活本身，被符号、模型所操纵着，文本占据了我们的心灵世界，人成了"符号化的动物"。我们不仅要做好事，而且要说好话，讲好自己的故事，这样才能创造属于自己的教学。

本章我们将重点介绍成果总结中需要遵循的三个基本准则，需要攀登的三级重要台阶（积累案例、构建模型、提炼核心概念或理念），以及需要写好的三个主要文本。

一、遵循三个基本准则

教学成果是指"反映教育教学规律，具有独创性、新颖性、实用性，对提高教学水平和教育质量、实现培养目标产生明显效果的教育教学方案"[1]。成果总结是对教育教学方案内容及其实践检验过程的如实报告，它的撰写有着与教育科研写作一样的共性准则，也有其特定要求。

写作与实践探索相结合

成果报告就是对实践探索的总结、梳理、反思，是提升实践品质的过程。总结是实践探索的重要环节，它的意义不只在于表达、交流，而且在于促进思考和行动。话语总是包含着引发进一步行动的语用力量，尤其是对实

---

[1] 参见《教学成果奖励条例》。

践工作者而言。通常我们想得多、做得多、说得也多，却写得少，有的人甚至没有留下任何关于自己实践经历的文字，缺少必要的总结反思，也很难做得更好。我们所能总结回顾的总是有限的，而一段经历、一个体验若不能适当表达，就不是活生生的东西。它不仅不为他人所知，也往往不为自己所知。故而对我们每个人来讲，恐怕知是相对的，不知才是绝对的。

　　写谁的实践呢？重点写自己的实践，而不是写别人的。自己是怎么想和怎么做的，就怎么写。成果报告面临着一个如何对待自己的问题。这看似容易，其实有时挺艰难的。旁观者在叙述中可以在场，也可以隐匿，比较容易做到客观、超脱。参与者不同，他无法回避自我，不好做什么匿名处理（除非艺术创作），必须直面自己的教育教学世界，把自己摆进去。如果叙述是体验的自然流淌，必然带有丰富多样的个人色彩。这种个性化的表达而非标准化的文本生产，不仅要呈现自己的自信、成功、业绩，而且要将自己的卑微、失误、困惑等如实呈现出来，避免脱离实际的话语装扮、华丽的辞藻美化，保持文化人应有的真诚和坦率，达到表里如一的境地。这就需要有直面自我的勇气和胆识。唯其如此，我们的表达才可能展现一个具体的、真实的、独特的、个人化的生活世界。读卢梭的《忏悔录》，从中可以看到这样一个思想巨人——教育史上伟大的教育家，日常生活中的平民。他说过谎，行过骗，调戏过妇女，偷过东西，甚至有偷窃的习惯。他以沉重的心情忏悔自己在一次偷窃后把罪过转嫁到女仆马丽永的头上，造成女仆的不幸。"当时我是什么样的人，我就写成什么样的人：当时我是卑鄙龌龊的，就写我的卑鄙龌龊；当时我是善良忠厚、道德高尚的，就写我的善良忠厚和道德高尚"，"大自然塑造了我，然后把模子打碎了，打碎了模子究竟好不好"，读了之后，你自己去"评定"，[①]这便是我们所需要的

---

① 卢梭.忏悔录[M].黎星，译.北京：人民文学出版社，1980：1-2.

直面自我时的坦率、真诚、自然的态度。听李吉林老师的报告，看她的文章，你会强烈感受到她的率真，用她自己的话讲，"一个长大了的儿童"。正是这种教育者应有的率真、学人应有的情怀，使得她几十年来从未停下对自我的探索和改进。

事实和理论相结合

进一步分析，"我"怎么想、怎么做，就怎么写，有下面两层意思。

一是客观陈述事实，不夸大，不缩小，不臆想，不虚构，材料和数据是可靠的，是经得起他人检验的，是不可以随意改变、不容争辩的。这是教学成果报告科学性的必要基础和前提条件。这里并不排斥将内心的体验、感受表达出来。有些体验是可以通过语言传达给别人，与大家分享的；有些体验一时难以言明，那就保持沉默，或者以行动方式表达，引导他人用行动的方式自己去体认。通常最高的、最基本的体验，最好的传递方式是无言，所谓"道可道，非常道；名可名，非常名"。我们反对的是空发意见或议论而不愿意做写实记录，这使我们的议论少了必要的依据和根基，除了扰乱大家的视线外，不知道还能有什么作用。

二是按照自己的想法写。成果报告不是事实的简单堆积，而要将事实、数据等材料，按照自己考察问题的视角、思路、结构框架组合起来，有着前后一致的内在关联。这就是我们所说的内在的理论，也就是事实、数据背后要有一个理论框架的支撑。

关于什么是理论，有很多界定及分类。这里将其分为外在理论和内在理论。在古希腊那里，理论意味着观照，表示观察者的观点，是立足于活动之外审视、发现活动的内在机理，通过专业领域的"玻璃窗"来观察、记述教学活动，试图寻求超越时空、情境"放之四海而皆准"的真理。我认为，作为实践者的理论，主要是自己在具体的问题解决中所形成的且实际发挥着重要作用的"来自情境内部的认识"（胡森主编的《国际教育百科全书》将来自教育情境内部的认识称为"教师内在的教学理论"），它并不单纯是关于教育教学内在机理的客观解释，而是教师所认同的、接纳的关于教育教学的信条，是前后一致的世界观、方法论。教学成果总结时必须努力澄清自己在教育教学实际问题分析解决中所持有的信念、所认同的价值，并以此来组织、解释事实材料。这样的理论框架嵌入在事实材料、数据的组织之中，而不是外在的甚至与自己的实践根本不搭界的时尚"标签"，如"建构主义""多元智能""数字化学习"之类。有一个地方的教育行政部门广泛组织中小学开展"学讲计划"。主持人讲，当时就是针对教师在课堂上讲得口干舌燥、学生听得昏昏欲睡的情况，要求教师把自己的讲课时间空出来，让学生学进去、讲出来。学生讲出来了，打开了思维暗箱，学和教才真正发生了。如此"学讲计划"主持人的教学信条，就是他的内在理论。成果总结的过程就是不断澄清实践者内在的教学理论，并据此将相关事实材料串起来，形成一个连贯的整体的过程，而不是根据他人的现成理论来修剪自己的实践经历、相关事实和数据，弄得教学成果既不像是自己的，也不像是他人的。值得注意的是，这类"套子中的成果"在中小学中并不少见。

过程和结果相结合

成果总结当然要告诉他人自己所取得的教学成果是什么，即教育教学方案的主要内容是什么，还要如实报告方案是怎么来的，特别是清楚地报告方案的探索形成和实践检验过程。这对方案的价值判断非常重要。严格的科研报告不只是要报告研究结果，而且要详细说明研究过程，特别是实验材料、方式方法、程序步骤、效果检测工具、数据处理方法等，以便同行能够重复验证。因为所谓"事实"有时可能是编造的，而那些数据不仅能说明问题，有时也更能迷惑人。在有一定科研素养的行家里手看来，没有交代获取过程的数据是不可信的、没有价值的。

现实中，我们可能更多地向他人公开最终的结果，特别是突出自己认定的几个亮点，对过程却一带而过，甚至只字不提。其实，为了这一最终结果，其间可能走过了不少弯路。如一节公开课，可能就磨了不知多少遍，其中的艰辛当事人最清楚，而正是这些给人的启发很大，也更具有研究价值。如果只是最终结果的展示，几个亮点的介绍，大家可能会感到"好是好，就是学不了"，或者觉得不可信。

二、个案——丰满的血肉

不少一线教师持续多年从事某项教学改革实验，投入了那么多的时间、精力、财力，回过头来总结时，或者纠缠于琐碎细节，理不清头绪，或者停留在几条"原则性认识"之上，让人感到不着边际。就像出国考察，付出那么大的代价，只是换来了几个洋概念，这样的总结报告意义不大。

教师到底该如何总结自己的教学成果呢？可以从撰写个案开始，这是必须攀登的第一级台阶。

成功的基石

一封呼吁给非洲儿童捐款的募捐信，有两个版本：第一个版本列举了一些翔实的统计数字，如马拉维有约 300 万儿童面临食物短缺，安哥拉三分之一的人口，大约 400 万人，被迫远离家园等；第二个版本是说你的全部捐款会给一个叫诺奇亚的 7 岁女孩。她生活在马里，家里很穷，时常挨饿，你的钱会让她生活得更好，能给她提供更好的教育和卫生条件。研究者问被试愿不愿意把一部分报酬捐给非洲，结果，收到第一个版本募捐信的人平均捐了 1.14 美元，而收到第二个版本募捐信的人平均捐了 2.38 美元。看来，鲜活的案例要比抽象的数据更能引起人的注意，更能打动人，让人有更为切实的了解和感受。

这里强调从案例总结开始，不只是因为个案能使人有切实的了解，还因为它是成果总结的必要基础。我们是通过一个个案例来不断积累素材、丰富认识和加深理解的。有人说，你有 100 个案例，就不愁写不出一篇论文，你有 1000 个案例，就不愁写不出一本论著。没有平时个案的积累做基础，成果总结时仅凭印象写，很容易空洞无物、华而不实。有分量的教学成果至少应有几十个乃至上百个案例（课例、活动案例、学生发展个案、专题研究案例等）做基础，如果一个教师什么故事也讲不出来，或者讲得不逼真，我们完全可以怀疑他那所谓成果是不是真正做出来的。

案例本来就是教学成果的重要内容。来自一线老师的教学成果，其基本元素之一就是那些既生动形象又具有穿透力、说服力的教学故事、教研故事、学生成长故事等。元代郭居敬曾辑录古代 24 个孝子故事，编成《二十四孝》，后来的印本还配上图画，通称《二十四孝图》，成为宣传儒家孝道的通俗读物，广泛流传，深入人心。今天我们谈加强中华优秀传统文化教育、革命传统教育、国家安全教育、法治教育等，迫切需要开发相应的符合孩子年龄特征、为他们所喜闻乐见的故事材料。这些故事广为流传，就有可能成为新的经典。只是讲空洞的大道理，无法直抵人心，无法让孩子形成对正确价值观的体认。

深描

案例是对实际情境的描述，讲述一个故事、实例，具有从开始到结束的完整情节，包括事件发生的特定背景、教与学双方围绕一定主题内容展开活动的过程、方式，相关人物的言行、心理世界等，也就是要描述正在经历或者已经历过的具体事件，而不是活动大体如何的笼统介绍；按照本来面目，对内在体验进行描述，突出生动鲜明的经验，避免使用华丽的辞藻来美化经历；介绍相关背景，再现发展过程，让读者走进所描述的情境中，走进行动者的内心世界，身临其境地体验其中的意蕴。

常见的案例撰写一般分为背景描述、特定问题现象的描述与分析、解决办法和过程、小结与反思等几个部分。有一则关于初中数学"相似型"教学

策略的案例 [①]，写了这样三个部分。

一是"相似型"教学策略的设计背景，其中对"相似型"教学内容的特征做了描述，分析了以往教学的主要弊病及其表现（如按已知、求证、证明等固定模式展开判定定理的教学，不思考某知识与其他相似知识的联系等），介绍了有关"相似型"的新想法（如注重单元整体设计、尊重学生认知基础、找准新知的固着点等）；二是"相似三角形的判定"的教学研究，包括教学设计、课堂上学生的学习过程和行为变化（经历"观察—探索—猜测—证明"的典型学习过程）、教师教学行为的变化及课后学生学习效果的调查和自主评价等；三是几个相关问题的讨论和初步结论。

从上述粗线条的介绍中，可以看出案例的完整性及其对原有教学常规的突破，既要把事件的来龙去脉讲清楚，又要凸显主要细节、关键行为，突出创新点，避免"一句话解开了某生埋藏多年的心结""一个活动转变了一个后进生"的"想当然"以及对日常教学行为的简单重复。案例撰写不仅要完整，而且要通过细节凸显它的意义，促进对教育教学内涵价值的体认。

成功的个案总结有一种内在的"邀请性"，邀请读者与之对话，帮助人（包括作者、读者或听者）恢复自己与世界的联结，召唤着大家一起进入特定的教育教学情境，观察感悟其中的细节，展开意义的探寻，理解事件发生、发展的缘由所在，从曾经怎样、现在怎样和未来可能怎样的生活体验中探索生命的应然，反思生命的欠然。

> 父亲正在忙着什么活儿，这时，他眼角的余光注意到 6 岁的儿子托尼正在将什么东西藏到碗橱的后面去。"你在干什么，托尼？"父亲问道。"我们不把东西放在碗橱的后面。你为什么不用抽屉来放

---

① 参见"以校为本教研制度建设研讨会"交流材料，2003 年 12 月，上海。

东西呢?"托尼停了下来。他显得有点尴尬,甚至有点做错了事的感觉,但是,他说:"噢,没有,没干什么,爸爸。没有什么。"但是,爸爸却紧逼不放:"但是,你刚才在碗橱后面干什么,托尼?能给我看看吗?"托尼温顺地拿出来一把小刀。"这是杰夫的刀。他借给我今天玩儿。我连刀刃都不会拿出来的。我只是想等到明天再还给他。杰夫的妈妈准许他玩儿。"托尼的脸有点涨红和紧张。他知道他的爸爸不准许他玩小刀。确实是这样,他爸爸说:"托尼,你知道在我们家不准许玩小刀。请你把小刀还给杰夫,好吗?"

托尼离开房间之后,父亲感到有点不平静了。他为什么要这样做呢?甚至在他对儿子说话的时候,他就开始对自己的做法感到不舒服了。后来,他将此事说给他的妻子听。他说:"你知道吗,让我感到非常恼火的不是托尼拿了刀玩儿,而是他想对我隐瞒什么。也许,我觉得他在做偷偷摸摸的事。而且,撇开了我。好像我和他之间有了隔阂。托尼和我一直都是非常坦诚和相互信任的。现在,我感到这把小刀就像一个秘密,在我们之间造成了距离。我从他的脸上看到他很尴尬。好像他有了这个面罩,而没有通常的那种坦诚了。"母亲和父亲又谈了一会儿小刀和秘密。

第二天,父亲把托尼叫到一旁。他说:"我不知道拥有一把小刀对你这么重要。我想,你年龄已经够大了,可以拥有一把小刀了。"然后,他递给托尼一把小刀。"让我来告诉你怎样拿这把小刀,这样我们就不会伤着了。你知道怎样打开,怎样切割吗?对了,你做得很好……注意总是要这样拿,不要对着自己的身体方向来切东西。"[1]

---

① 范梅南.教学机智:教育智慧的意蕴[M].李树英,译.北京:教育科学出版社,2001:151-152.

"我"从儿子尴尬的神态举止中感受到有些不舒服，思索着儿子为什么这么做，将自己的感受和想法如实告诉妻子。"我"体验到父子之间因小刀而有了心灵隔膜，体会到小刀对儿子的意义，机智地处理了"小刀事件"，从而消除隔阂。文字叙述很平实，邀请读者一起经历亲子隔阂及消解的过程，感悟着平常生活事件中不平凡的意义和沟通的艺术，这就是深描。

深描不只是记录外在行为，还要能将这些行动片段与当事人行动的背景、来龙去脉联系起来进行描述，使人能从中获得整体上的理解，感受到内在的意义流动。譬如，"合上双眼并快速重新张开"，这是一个浅层描述，只关注到行为，而"闪烁""眨眼"则是深描，它们在特定情境中有着各自的含义。深描之下，你会相信海不仅仅是海水，那里还有船，船上有人，有人的心许或诧异，那一瞬间的亲切或陌生。深描比浅描更能够获得信任。

全面纪实

成果总结要从撰写课例、活动个案、学生成长个案、专题研究个案开始，进而对整个实践探索过程做全面的写实记录。它是教师从事教学改革研究的基本功。

我曾读民国时期中央大学实验小学编写的《一个小学十年努力纪》，中华书局印行（史料记载本书为俞子夷所写，但出版物上俞子夷只是作了序。不过当时的中央大学实验小学从民国6年至民国15年的设计教学实验是俞子夷主持的）。全书不仅介绍了学校组织改进的历程，每一科的实验教学概况，以及学生自治、成绩考查、实验研究专题等，而且还列出了校舍设施、教职工人员名单、收入及消费、学校生活剪影等，展示出整个实验研究的生态，便于读者理解和把握。如学生数最多时达到560人（男425人，女135人），职员最多时为43人（男27人，女16人）。工资标准为每人每月2.8元，如果服务优良的加0.5元以下，平均2.9元。而当时的米价一石至少是

7.5 元，最贵为 13.0 元，可见当时小学教职工生活的清苦。书中《历任职教员任职久暂表》为钢笔抄写，共 117 人，用线条直接标出任职时间，长短清晰可见。斯人已去，笔迹犹在。

今天恐怕很少有人愿意做这样的全面纪实。尽管今天纪实的技术手段丰富多样，但不少学校满足于收集奖牌、证书，统计升入重点大学的人数等，忘记了大多数学生，淡化了日常生活，而老师只是写只言片语式的微博，或者在"专家"指导下写大而化之的"论文"，留下的真实、有价值的东西反而不多了。

三、模型——支撑的骨架

案例是基础，但成果总结不能只停留在积累案例上。案例是闪亮的，是珍珠，但也是零散的，必须将一个个散落的珠子穿起来。案例是鲜活的、千姿百态的，但也是感性的，不足以充分说明问题。如同我们可以举出几百个甚至上千个抽烟者得肺癌的例子，但不能因此就做出抽烟导致肺癌的结论，必须将抽烟如何导致肺癌的内在机理揭示出来。贯穿在一个个案例之中的内在机理就是模型。模型（model）与模式（mode）有联系，但不同于模式。前者是对实体系统的简化描述，作为重要的逻辑工具和手段，重在揭示系统的内在机理；后者指事务的标准样式，让大家"照着做"。成果总结必须攀登第二级台阶——构建模型。

大数据时代还要不要简化？

今天，每一个人从日常生活到工作过程，从朋友圈的互动到单位内部的往来，从背过的单词到走过的步数，从鸿篇巨制到只言片语，都可以精确地记录下来。一方面数据来源越来越多样化，另一方面它也越来越公开化，政府不断推进信息公开，企业、社会组织、自媒体等更加活跃。数据来源的多样化也倒逼着数据公开：如果某一数据源不开放，其他数据源将逐渐取代这一数据源，并将其淘汰。

对大数据的充分挖掘和利用，保证了数据分析结果的真实性，能够提炼出全社会的最大公约数、最大共识。大数据记录的就是大家已经做完的事情，而不仅是少数精英的模板、范例。基于大数据的决策与行动，"就是原生的人民主体、群众路线、实践标准"[①]。如自动翻译软件原来的思路是穷尽语义，力求得出"最准确的翻译"，但多年来一直无法完美实现。近年来翻译软件改为以大数据为基础，即大多数人怎么翻译，翻译软件也就怎么翻译。这就是"翻译领域"的群众路线。有人讲："数据中所包含的信息可以帮助我们消除不确定性，而数据之间的相关性在某种程度上可以取代原来的因果关系，帮助我们得到想知道的答案，这便是大数据思维的核心。"[②]在大数据时代，将多源的社会数据交给人工智能去分析处理，不必去透视内在机制，它就能算无遗策，给出决策建议及依据，并且评估该建议可能产生的各方面后果。人工智能保证了决策的正确，并在行动偏离时进行纠正，那么，我们还要通过模型进行简化描述和解释吗？

这里涉及这样一个问题：教学活动多大程度上能够被人工智能所取代？大数据下的教学研究怎样开展？麦肯锡研究所的一份报告指出，美国劳动力市场上45%的工作可以被当前已有的技术替代。但是，这并不意味着职业种类的减少，因为只有不到5%的职业可以完全被自动化技术所取代。真正发生深刻变化的是具体岗位所需的技能组合。例如，房屋贷款主管花在文案上的时间预计将减少，而花在审核特殊案例和向客户提出建议上的时间预计将增加。[③]教学系统至少包含着这样三个不同的层面：可观察、考证的物质层

---

① 陈利浩. 用人工智能助推社会治理：大数据治理的几条具体建议 [N]. 南方周末，2017-02-09（A8）.

② 吴军. 智能时代：大数据与智能革命重新定义未来 [M]. 北京：中信出版社，2016：141.

③ 参见 Michael Chui.James Manyika 和 Mehdi Miemadi 的《职业自动化的四个基本要求》，《麦肯锡研究所季刊》，2015 年 11 月。

面，只能体认、推断的意义层面以及介于两者之间的活动层面。教学核心是意义的生成，没有意义的知识是"惰性的知识"，没有意义的教学是"死寂的世界"。师生作为意义促进者、建构者的角色，对他们的共同成长十分重要，是难以被人工智能、虚拟课堂取代的。而这一重要角色作用的发挥是以对教学活动内在机理的把握为中介和前提条件的。单纯依靠点击量来排名容易形成马太效应，甚至被少数使用者所操纵。在教学领域则极易形成"跟风走"的现象，将充满生成性的过程变成简单复制，将个性化互动过程变成公式化、单方面的传递。数据可以帮助我们建立关于教学系统的模型，要从强相关关系入手，提取并把控关键要素，警惕育人初衷的丧失，保持应有的定力，不要任由数据的自动生成、平台的自动推送和导入，避免不假思索地采取行动、完全被数据库所操纵。大数据背景凸显出教学回归育人本位的价值及建模的特殊意义。

从"混沌"中看出"理路"来

模型是对实体系统所做的一种简化的描述。它的本质特征表现为这样的二重性：一方面，它舍去了某些东西，对现实的研究对象的结构、功能、联系等加以简化，在一定程度上"不像"实在的原型；另一方面，它又极力与现实的原型系统的结构、功能、联系保持本质上的一致。思想模型与物质模型的区别在于，思想模型是基于人们的抽象思维力、想象力，采用逻辑程序、图像、数学方程等表征原型系统的结构、功能，反映各种变量的变化规律。模型及模型方法超越了时间和空间的限制以及人类感官的界限，使思维能够把握实体系统的内在机制，再现微观、宏观乃至宇观水平上事物的联系和运动。它具有简化和理想化地再现原型各种复杂联系的优点，缩短了人们从被研究对象的原型中获得信息的过程；同时，它突破了语言要素必须直接连续排列的强制，能平面或立体式地从整体上再现复杂系统中各种因子、各个层次之间的静态的或动态的联系，表现为"多种概念和多种方法的冲击与汇合"，成为现代科学发现的日益重要的逻辑工具和手段。

模型本质的二重性，决定了构建模型的两个最基本的原则：准确性原则与简明性原则。前者要求所构建的模型必须真实地反映现实世界中的原型，模型与原型之间必须有某种内在机制上的相似性，或者具有同样的性质、同样的运动形式（同形同质），或者整体行为功能相似。后者要求构建的模型与实际情况相比，必须简明扼要，能够节约科学探索的时间和物质上的消耗。为了满足这两点要求，我们有必要把原型与理论（假设）作为构建模型的两个基本的观察点，遵循客观原型、模型与理论（假设）之间的逻辑联系。一方面，从理论（假设）出发，将其演绎归纳为模型，从而为原型提供解释的演绎系统；另一方面，还可以从原型出发，将其抽象、归纳、简化为模型，从而为理论（假设）提供某种程度的证明。（见图4-1）

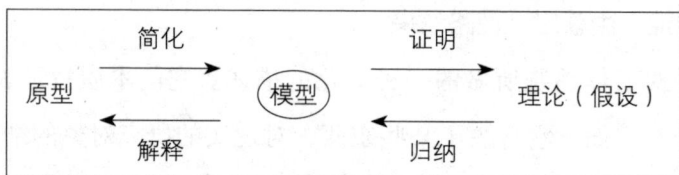

图4-1 原型和模型的转化关系

上述构建模型的思路中，有两个极为重要的环节。首先是将原型简化为模型，即深入观察分析现实的研究对象中哪些是已知量，哪些是常量，哪些是变量，根据研究目的的需要，舍弃次要因素、次要过程、次要关系，提炼出主要因素、主要过程、主要关系，并对它们进行定性或定量的描述、推导。这一环节包含复杂的归纳、类比、推理过程，从思维的角度来说，是将研究对象抽象、概括、明晰化。进行教学成果总结时，我们有了几十个乃至上百个案例之后，应逐步对其进行梳理，从中过滤出在特定专题教学活动中起支撑作用的基本要素、主要环节等，并将彼此间相对稳定的互动关系用各种符号（文字、线条、箭头……）直观揭示出来，形成理论框架或实践范型，也就是所谓模型。

再者，上述单方面的从原型到模型的简化，如果没有理论（假设）的引导、帮助，就难以超越经验类比的局限性，从而揭示出事物发展的内在机制，达到两者本质上的一致性。构建思想模型还要善于将理论（假设）归纳为模型。这种归纳往往需要从一定的理论（假设）出发，演绎推测，从多路演进的逻辑推理中，敏锐地抓住那种具有必然联系的逻辑链条进行刻画、描述。

北京第二实验小学"以爱育爱教学实践体系"，从懂爱、肯爱、会爱的培养目标出发，探索出"心智模式"和"育人能力"两条教师成长路径，发展出相关信念系统、策略包及管理制度。两条路径相互依存，共同构建出具有可持续发展性的爱的"四有教师""∞"（无穷大）成长模型。（见图4-2）

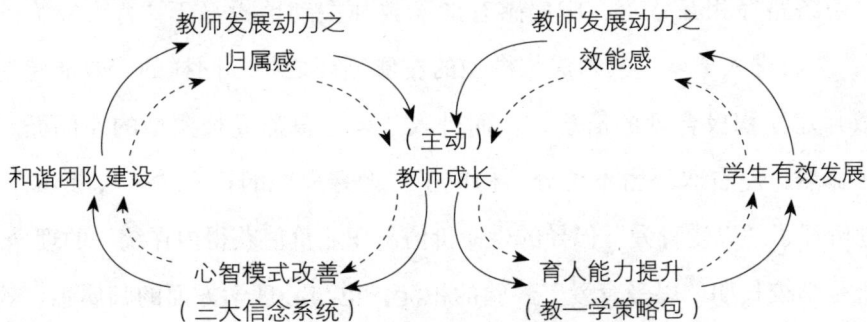

图 4-2　"∞"教师成长模型

该模型刻画出教师主动成长的两条基本路径。一是从心智模式改善开始，帮助教师重建积极合理的信念系统，打造和谐教师团队，由此提升教师在学校生活中的归属感，促进教师主动成长。

在这条路径中，积极合理的信念系统是关键，主要包括职业信念系统、人际信念系统和自我信念系统。（见表4-1）

表 4-1　教师三大信念系统

职业信念系统	人际信念系统	自我信念系统
· "追求生命价值和职业价值的内在统一"之职业价值观 · 适合学说 · 快乐生命学说 · "奶酪"系列学说 ……	· "当面锣对面鼓"式沟通 · 快乐加减法 · 三容（容人、容言、容事） · 四距离（与学生等距离，与特需生零距离，与同事近距离，与家长刺猬距离） · 相处四原则（扬人长，念人功，帮人过，谅人难） ……	· "做最好的自己" · 拒绝三 "mang"（忙乱、盲目、茫然） · 追求四态（归零的发展心态，研究的工作状态，改变的生活姿态，智慧的生命状态） · 君子有 "九思" ……

二是从育人能力提升开始，帮助教师改进教学理念、教学行为，形成有效的"主体参与式"特色教—学策略包，使学生获得有效发展，由此提升教师教学效能感，促进教师主动成长。

两条路径相互依存，归属感有助于教师主动地投身于"育人能力的提升"，从而进入"∞"教师成长模型的右侧循环之中。同样的，效能感有助于教师建立积极合理的信念，从而进入"∞"教师成长模型的左侧循环之中。显然，左右双环密不可分，构成了"无穷大"的符号"∞"，形象而贴切地解释了"以爱育爱"倡导的生命价值与职业价值获得内在统一的理念。[①]这既是学校长期"以爱育爱"经验的积淀，也与心理学方面的归属感、效能感理论的应用有关。

哲人坐在轮椅上，善于将简单的东西变复杂，以开启智慧；行动者倾向于将复杂的东西变得简单些，以指导和规范日常活动。以简驭繁，是人类普遍的生存智慧和适应策略。只有案例启发或理论指导，没有实践模型，不足以解释复杂的教学系统运行机制，也不足以进入日常工作层面，推而广之。从教学研究的角度看，构建恰当的模型是从个案中走出来的关键步

---

① 参见 2014 年基础教育国家级教学成果奖获奖材料《"以爱育爱"教学实践体系》。

骤。通过建模，研究活动从"个别"中看出"一般"来，从"混沌"中看出"理路"来。

四、核心概念（理念）——成果之魂灵

撬动物体不能没有支点，教学系统运行也要有自己的支点。这个支点从内容上看，通常是起点所追求的目标，是教学系统运行过程中始终坚持的关于教育教学的思想、信念；从表达方式上看，就是核心概念（理念）。这是成果总结的第三级台阶。

让思想明晰起来

真理的尽头是信念。课堂上"提问—应答—回馈"程序如同法官对犯人的审问，教师迫使学生回答自己的问题并不时对学生的答案做出裁决，反映出一种课堂专制：教师始终是那个发话的人，学生坐着等教师来问，并忐忑不安地等待着教师的评判。在这些教师看来，课堂就是"我讲你听"或者"我问你答"。而真正的教与学翻转的课堂，意味着教师从说到听，自己慢慢地退出，同时让学生学会倾听、质疑、补充、争辩，大胆表达自己的想法，师生成了学习共同体。这些蕴含在教学活动中的信念，是成果的魂灵，而行动者不一定能够清楚地意识到，需要反复加以澄清，不断反思之、明晰之。它的重建往往意味着系统运作发生了重大的革新，改革研究产生了质的飞跃。

以上海市闸北第八中学为例，学校起初针对该校学生基础差的问题，从语文、数学、外语三门学科教学抓起，改进教法，逐步摸索出一套"低起点、小步子、多活动、快反馈"的教学改革经验。在教学内容上适当降低难度，增加实际生活中必备的知识和技能的学习。在教学评价上，他们发现，如果按照统一标准考试、评分，有些学生很难达到及格水平，于是尝试多层次评价、鼓励性评价的做法。此外，在调查中发现，学习困难的学生与学习

优良的学生在非智力因素方面的差异要比在智力因素方面大得多，于是有重点地帮助学生端正学习动机，培养良好的学习习惯，开展心理辅导，提高学生的自我认识与自我调控能力。他们从实际问题出发，采取改革举措，取得了良好的效果，但最初改革的主题并不十分明确。总结时，他们逐步理出一条贯穿整个改革过程、联系多项改革措施的主导思想。那就是针对长期以来在学业上屡遭挫折和失败因而丧失自尊、自信和学习动力的学生，应该从多方面创造条件，使他们在学习上获得成功，改变失败者的心态，形成学业成就与心理动力系统的良性循环，使他们今后以成功者的心态和身份步入社会。他们将上述主题思想凝聚为"成功教育"这一核心概念。这一提炼使"低起点、小步子、多活动、快反馈"等具体措施有了自己的灵魂。

30 多年来，闸北第八中学经历了从"帮助成功"到"尝试成功"再到"自主成功"的教学改革历程，"成功教育"的内涵也变得越来越丰富、越来越清晰。[①] 今天看来，我们需要深入思考的是，何谓"成功"？可能有些"成功"有着我们所需要的成长内涵，有些可能少了成长内涵，甚至根本就没有真正意义上的成长。学生为什么缺乏应有的学习动机？可能不只是与考试、评分有关，还与我们的课程、教学有关。如果我们的课程内容总是远离学生的现实生活，我们的教学总是让学生做那些人为编造的练习题，我们只是一个劲地让学生为未来的生活做准备，那么他们至少在学校、在课堂上无法实际感受到学习的真正意义，即使考取了高分，学生也难以建立正确的学习动机，获得应有的成就感，体认到真正的价值。

让思想掷地有声

一项关于普通高中新课程设置与教学实施指导的研究成果，针对高中新课程设置问题（选修模块多、学分管理难等）、理解问题（缺乏相应的课程

---

① 参见 2014 年基础教育国家级教学成果奖获奖材料《成功教育探索——薄弱初中成功路径》。

观、教学观、学生观等）、实施问题（大多数教师缺乏实施策略）等，研制了普通高中课程实施方案，通过建议选修内容、自主选修内容等，使课程设置明确、可操作；研发了各学科教学实施指导意见，明确了学科教学目标、内容、策略等，增进了大家对新课程的理解；组织开展全员教师跟进式培训和教学过程指导，引导教师将新课程理念转化为教学行为等。该实践探索所关注的问题具有普遍性，采取的举措也有针对性，比较切合实际，有关人员做了大量的具体工作，可其成果报告却不能给人留下深刻的印象，更谈不上引起人们进一步的思考。与其说它是教学成果，不如说是一份关于普通高中课程改革的工作总结。

我们再来看看江苏省教育科学研究院杨九俊等人关于普通高中课程能力建设的研究成果。该成果针对高中课程改革目标和学校课程能力之间的矛盾（学校课程能力不适应高中课程改革目标的要求），实施"六大行动计划"：开展全省范围内的大规模调查；推动70所高中、2个县区开展试点、专题研究；创建142个课程建设基地，促进学校特色课程建设；打造"教学新时空"，搭建网络课程资源共享平台；启动100门精品校本课程教材的出版工作；全面提升260名市县教研室主任的课程领导力。其中，特别强调探索有效提升学校课程建设能力的策略，比如：基于学校发展进行课程规划；指向学生关键能力的学校课程开发；建构案例化、行动化的课程开发程序；建立以教师为主体的学校课程开发共同体；全面建设体现学校课程特点的教学设施、平台和环境；追求和表达鲜明的课程文化等；加强对教师课程能力的研究和实践探索，引导教师明确课程目标、研究关注学生、把握课程结构、创生课程内容、开发课程资源、反馈优化课程等。该成果最终建构了包括复合主体（校长、教师、学生、家长、社区人士等）、课程行为（课程领导、课程规划、课程开发、课程实施、课程评价等）、实践效能（课程理解、课程表达、课程协同、课程创生、课程愿景等）三要素的学校课程能力的基本理论模型，形成了普通高中学校课程能力建设的指导意见。[①]

国家关于普通高中课程的顶层设计，最终必须在学校层面落地。针对课程改革目标和高中学校的现状，省级教科研等专业机构必须做什么，能够做什么？从"六大行动计划"中可以看出其着眼点放在学校层面，着重为学校课程建设提供专业支持，包括典型引路、资源共建、经验分享和必要规范等，体现了"以校为本"的思路；不仅是教师，而且让学生也参与学校课程规划、资源建设和课程评价，尊重学生的课程选择权，反映出课程实施中的"生本"思想；不满足于一般课程改革推进工作的部署、执行情况的督查，而要求专题试点、共同研究，注重关键能力分析以及理论与实践协同推进，遵循内涵发展的规律等，而这一切凝聚在"学校课程能力建设"这一核心概念中。我们不能说该成果完美无缺，但至少它是有思想、有思路的，比一般工作总结好许多。

人能制作工具，当其运用这些工具从事劳动的时候，转身便与猿猴揖别了。人在制作工具时，头脑里先有了工具的蓝图。制作和使用工具是外在的行为，与此相伴随的是内在的、不断涌动着的思想。仅有可见的劳作，充实了肚子，发达了四肢，最后难免陷入牛羊一般的境地。没有哪一个物种像人类这样热爱自由与尊严，而人的全部尊严在于思想，在于自由意志。基础教育课程改革原本就是价值引领与创造的过程，是关于基础教育培养什么人、如何培养人的思想实验。思想不同于拍拍脑袋、信口开河的"教育口号"，不是教育活动意义的空泛议论，不是空穴来风，不是照搬他人的话语，它根植于教育的现实土壤，来源于对现实问题的洞察和富有创造性的分析与解决。它先于实践、引领实践，并在实践检验中不断充实、修正和完善。现实教育问题错综复杂，通向未来的路不可能是笔直的，而思想自始至终是正直

[①] 参见 2014 年基础教育国家级教学成果奖获奖材料《普通高中学校课程能力建设》。

的，它可以被折弯，却永远保持着坚硬的质地，以便与种种革新阻力、困难相抗争。正如罗丹的《思想者》，那紧靠在一起的头颅与拳头显现出思想的沉重和有力。改革不是简单地用一种技术去取代另一种技术，用一种教材去替换另一种教材，而是要将新的改革方案镶嵌在组织结构内、激励机制中，嵌在具体而现实的学校教学体系中，促成新旧观念、新旧思想的相互碰撞，一旦思想观念发生了根本性的转变，并通过行动表现出来，这样的改革才不至于浮于表面、流于形式，而有了深度、力度和厚度，这样的成果才有了光亮、灵魂。成果总结是主题思想反复凝练、核心概念（理念）不断提炼的过程，它要让思想变得更加鲜明、掷地有声！

核心概念（理念）是魂灵，模型便是骨架，而个案则是血肉。核心概念（理念）借助模型得以贯彻，模型借助个案得以充实、饱满，三者构成了一个有机的整体。（见图4-3）

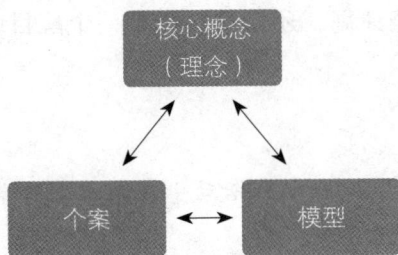

图 4-3　教学成果三要素

这里特别要指出的是，思想是从自身实践中、从活生生的个案中感悟、提炼出来的，即使有所借鉴，也一定是充实了自己的理解、体会，是自己内心深处认同的信念。通常，只有在教学改革的进程告一段落之后，我们才会明白这一改革进程的全部意义。所谓教学技法、策略、艺术等，总是与个人天分、才能、信念相联系，它们是教学实践探索的结果，不是（至少不完全是）事先刻意设计而为之的过程。每个人总是在经历了一段实践探索之后，才会发现自己的天分，悟到教育教学的真谛，找到自己最擅长的技艺。

五、写好三个主要文本

成果总结的过程同时也是写作过程，要写好三个主要文本：标题、成果简介、成果报告。其中，标题是成果的高度凝练，成果简介是标题的适当展开，成果报告是成果简介的具体化。

拟好标题

标题要注重立意，揭示核心理念（主旨），点出实践探索特有的角度、内容、范围、载体等。请看下面示例：

> "翱翔计划"——人才培养方式创新的北京模式

该标题点出了成果主旨——人才培养方式创新，达成这一主旨的重要载体、主要内容——翱翔计划，还给这一成果一个醒目的命名——北京模式，具有很强的品牌意识。

> 在服务"三农"综合实践活动中提高学生科学素养的长期探索
> 与实践

该标题点出了成果独特的主旨——服务"三农"和提高学生科学素养，突出了成果的显著特点——长期探索与实践。

> 20 年磨一剑——与此国际实质等效的中国土木工程专业评估制
> 度的创立与实践

该标题中"20 年磨一剑"，表明成果是长期积淀的结果，从中可以感受到它的分量；"与此国际实质等效"强调了它的国际水准；"中国土木工程专业评估"揭示了成果的主要内容。

拟写标题应避免主旨不明、导向不对、令人费解等情形。如"小学数学一至六年级典型错误资源库的建设与应用"，从中只看到内容范围，不知道为什么做这件事，而这方面的研究很有可能是满足应试的需要（这一研究还涉及如何看待儿童的"典型错误"）。再如"围绕大概念进行 STEM 课程设计"，引进国外的命名方式，满足某些人"崇洋媚外"的心理，其实我国的基础教育课程方案中有与此相关的表述，即"综合实践活动"。再如"创生教育的理论与实践"，初看以为是注重"创造性生成"，看了成果报告后才知道是"创造生命的价值"，这样的简化容易引起歧义。

写好成果简介

成果简介是标题的适当展开，向别人介绍自己所取得的成果，既要简明扼要，又要突出主要内容及其特色，便于别人了解这是一项什么成果，进而做出相应的价值判断。仅看标题，一般不足以了解主要内容并做出价值判断。信息化社会，每个人用于阅读的时间有限，必须对读物做出快速选择。这种情况下，写好成果简介就非常重要了。在几百字的篇幅内将成果主要内容、特色说清楚，从他人的角度看问题，让人理清头绪，明确其重要价值，这对写作者是个考验。

成果简介到底该介绍些什么呢？让我们再看看本章开头的例子是怎么写的。刘清涛老师首先对核心概念——"高中地理实践性学习"做了界定。这在别人仅基于标题还不足以明确核心概念或理念是什么的情况下非常重要。有一项成果标题说是对"教育数学"进行实践探索，但成果简介和成果报告都没有对此做出界定，特别是没有与"数学教育"进行比较，读者对此内涵也就不得而知了。其次，介绍了该成果是针对什么问题进行的，并扼要说明实践探索过程，突出成果的现实问题导向，这也是有必要的。再次，介绍了该成果的核心内容——43 个高中地理实践性学习项目等，即问题解决方案的主要内容。这是成果简介的重点。该部分中的两个例子可以选择其一，留出篇幅介绍自己关于高中地理实践性学习的主要教学主张，说明自己开发这 43 个高中地理实践性学习项目的理据（事理）。一线教师要在讲清自己"为什么这么做"上下功夫。最后，介绍了该成果的专业影响。从内容上看，缺少对学生受益情况的说明，我们无法判断它是否有实效，而这对于优秀教学成果来讲是非常重要的。

归纳一下，要写好成果简介，就要分清层次、抓住要点，能让其他人很快看明白成果的重要价值。

完成成果报告

成果报告要如实回答这样几个问题：针对什么现实问题或挑战？经历了怎样的实践探索过程？形成了什么样的问题解决方案？在实践检验中取得了怎样的教育教学效果？也就是把问题解决方案的主要内容及其探索与检验的过程如实呈现出来。

一是问题的提出。阐明针对什么问题或挑战进行了改革和研究，以及为什么进行这一实践探索。如"创造儿童喜爱的数学教学"是针对"儿童缺乏数学学习兴趣和好奇心""被动学习"等现实问题提出来的。"问题的提出"部分须简要说明问题的发现过程、具体表现及其实质。要将该研究与儿童的发展、广阔的社会背景、未来社会需要联系起来分析，要有较高的立意，更要揭示宏观背景在本地区、本校、本研究中的具体反映，把握自身问题的独特性及其特殊价值，避免大而无当或散而不聚焦。请看下面"问题的提出"。

相比较而言，中国学生虽然聪明、勤奋，具有扎实的理论基础，但是往往存在责任感缺失、兴趣点未知、问题意识淡薄等问题。这些普遍性的特征导致他们虽然分数考得很高，但是缺乏未来竞争力，尤其缺乏创造力，难以满足国家从"制造大国"向"创造大国"转变的迫切需要。如何把孩子培养成具有高度社会责任感、发展方向明晰、创造力强的人才，既能满足学生升学的要求，又能满足学生未来可持续发展的要求，还能满足国家对创新人才的需要，这是摆在我国基础教育面前的最现实、最值得我们思考和破解的难题。因此，普通高中办学要思考如何找到创新教育实施的关键要素、有效策略、合适渠道、实施路径和评价方式。

　　本研究着力解决的核心问题：研究创建我校创新人才早期培养的支持系统。具体解决的主要问题包括教师团队建设、课程体系组建、创新实验室建设、管理制度优化以及展示平台的搭建。

不难看出，这段话停留在一般现象的介绍上，缺乏对该问题在特定学校的特殊表现及其症结的深入分析，所要解决的主要问题也比较散，最终可能难以有效破解难题。

　　二是解决问题的过程和方法。要说明经历了怎样的探索过程、哪几个阶段；每一阶段改革的重点是什么，遇到了什么困难，又是如何解决的；几个阶段是如何衔接、如何发展的，采取了怎样的方式和推进策略，开展了哪些重要的实践探索活动等。

　　特定的问题必须采取特定的思路、策略和方法去解决。相对于特定的问题解决而言，思路、方法是否恰当非常关键。行之有效的方法是建立在对问题的科学调研、深刻理解把握的基础之上的。这一部分内容的撰写要揭示问题解决的内在逻辑和相应路径选择、行动步骤之间的关联，避免单一的活动列举、堆积，防止照抄教科书中那些教育科研方法，如文献法、调查法、行动研究法之类，因为这样做并没有反映该实践探索自身的特点。

　　这部分侧重介绍实践探索中所做的工作，而不是实践探索的结果（成果）。不少成果报告在这部分介绍所取得的成果，与第三部分重复。

三是成果的主要内容。说明经过研究和实践检验后所形成的问题解决方案，包括主要观点（背后的原理）、结构模型、操作策略、物化形式等，将解决问题的路径、程序、方式、策略及背后的思想观点等通过文字、图表、符号揭示出来。

对于教学成果来说，重要的乃是具体的，而具体的不仅有感性的，还有理性的，特别是那些简明而深刻的机理揭示——理清成果主要内容和问题破解的内在关系，并介绍相应的可操作、可复制的物化形式、载体（如人才培养计划、课程纲要、教学活动模型以及使用的材料、评价工具、技术平台等），充实必要的案例。仅有理性思考，或者仅有几条原则却不可操作，都不是教学成果（如篇幅有限，有关具体操作材料、工具的说明可作为附件处理）。因为有理性思考，所以成果内容不会包含过于繁杂的东西；因为有可操作、可复制的物化形式，所以大家才能感到可以做出来。处理好这两者的关系，是成果内容介绍的重点也是难点所在。

有一项关于社会主义核心价值观融入小学教育的实践机制探索研究，介绍了以下几方面的成果内容。

一是明确了社会主义核心价值观教育的内在机制。基于对学生价值成长规律与现实价值观教育现状的分析，提出了以"价值认同—日常生活—浸润融入—实践体验"为主要框架的核心价值观教育机制。指出价值认同是前提，日常生活是现实基础，浸润融入是教育路径，实践体验是行动方式。

二是建构了无边界、立体化的社会主义核心价值观教育模式。强调社会主义核心价值观教育的全员性、全程性与全域性，以一种无边界教育理念来构建社会主义核心价值观教育模式，具体包括课堂教学中的日常浸润、先进文化的涵养熏陶、先进人物的榜样引领等。

三是建构了在实践活动中践行体验的价值观学习模式。社会主义核心价值观教育要从日常生活实践做起，引导小学生积极参加社会志愿服务，在帮助他人、服务他人、奉献社会中学习与践行社会主义核心价值观等。

四是建立了"家庭—学校—社会"沟通平台。建立沟通顺畅的家庭、学校、社会共育平台，发挥多方主体的教育影响；加强家长学校建设，为家长提供家庭价值教育指导服务；沟通学校附近的教育性场馆，为学生提供价值学习服务。

五是围绕社会主义核心价值观，开发了爱国主义教育的教材与课程。围绕社会主义核心价值观，坚持科学性与教育性相统一、历史性与时代性相统一、故事性与趣味性相统一，结合实际开发出了一套爱国主义教育教材（共四本），涵盖了社会主义核心价值观的十二个范畴。

这是由高校教师牵头做的一项研究的成果。该成果的重大意义毋庸置疑，它对社会主义核心价值观融入小学教育的实践机制做了分析，只是它的分析总让人感觉是在书斋里想出来的，而不是从自身实践中总结提炼出来的，让人产生该成果与当代小学生价值观实际是否贴近的疑问。《中国儿童道德成长报告2017》指出，当代中国儿童整体上是有传统、爱国家、守规则、尚正义、重勤奋的一代人，行为普遍良好。同时，当代中国儿童也存在一些值得社会广泛关注的成长中的问题。"知行脱离"或者"知行不一"长期以来被当作道德教育要解决的难题。在某些方面，儿童的价值观、情感与行为表现出高度的内在统一性。如孝敬和诚信，儿童既在观念上对其有较高的认同度，也在行为上表现出跨越年龄的高度普遍性。再如对规则的认可，儿童在道德判断与道德行为中有着较为突出的一致性。在另一些品质方面，如关心他人，90% 以上的儿童对弱势群体有着关怀的情感，但只有不到一半的儿童会真的施以援手，另一半儿童仅限于同情；在行为上，一方面寄希望于有好心人去帮助他们，另一方面因为担心自己惹上麻烦而选择观望或者避开。可见，在关怀他人的品质方面，儿童尚存在某种程度上的情感与行为之间的不一致，但是不能因此笼统总结为普遍的"知行不一"，只能说明这一品质在当代儿童身上尚不稳定，或者说在多方面的条件限制下还有较大的提升空间。[①] 如果这一报告成立的话，那么对小学生价值观的引导就不是平均用力，而应有自己的重点和更加贴近小学生思想实际的方案。该成果提供了一个大而全的社会主义核心价值观教育方案，但没有提及某些关键环节，如价值观测评，因此让人感到它只停留在一般号召和编发读本的初步尝试阶段，缺乏扎实深入的实践探索。来自非一线的教学成果由于深入学校、扎根课堂不够，很容易出现这类问题；而来自一线的教学成果则有较多的案例堆积和比较烦琐（可能也不科学）的操作步骤说明，缺乏必要的理论加工概括。

这部分还要注意直接介绍成果的主要内容，不能只是罗列曾经发表的论文、专著标题，因为读者仅从标题看不出成果的主要内容，同时也不一定有时间去阅读那些论文、著作。

四是育人效果和反思。要说明该成果取得了怎样的实践效果，如学生发展、教师发展、学校发展及其专业影响等还有哪些不足之处，以及需要进一步探索的问题。重点是如实报告学生发展的相关情况、特定教育目标的达成情况，要用事实说明自己所提出的问题有没有解决、最终多大程度上得到了

---

① 孙彩平. 道德成长，中国孩子大不一样 [N]. 光明日报，2017-05-15（7）.

解决，而不只是论文、专著发表或出版情况。

上述四个部分构成了成果报告的主要内容。它的撰写如同写产品说明书，重在向他人特别是消费者介绍某种产品，首要的是尊重事实、讲究科学。成果报告的结构见图4-4。

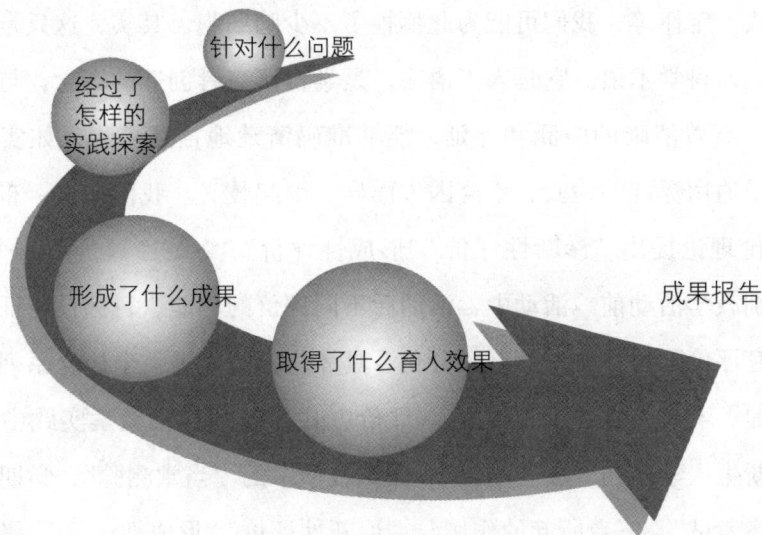

图 4-4　成果报告的结构

下面一首打油诗，说的是成果总结中的某种现象，我们当引以为戒。

万马奔腾我为先，

一二三四五六七，

仙方一贴百病除，

战无不胜真完美。

六、历史和逻辑的完美统一

每一项成果都有一套概念（或观念）系统，如进化论的核心概念包括物种及其彼此间的竞争、生存者繁衍后代的自然选择、特定自然环境下的适应方式等。它是思想的凝聚，是成果的魂灵。这些概念或观念如何表达才能让更多的人理解并接纳呢？

关键在于传神

提到概念体系，马上会想起教科书上那些晦涩的学科或专业术语、符号、公式、定律等，我们可能为此牺牲了不少脑细胞。其实，这只是一种表达方式，即科学术语。它是人工语言，是学科研究者创造的概念，与日常语言相比，有着清晰的内涵和外延，能够准确清楚地描述事物，如实表达信息，接受通用标准的检验，不会因人而异、引起歧义。我们知道，布卢姆的教育评价理论提出"诊断性评价""形成性评价""终结性评价"三个术语，用来区别教学活动前、活动中、活动后不同评价的功能、目标及特征，它们是"教育评价"这一概念的有序分化、具体化，构成了一个概念系列。值得注意的是，与此相关的评价内容、评价方式在教师日常教学实践中早已存在，如新生入学初的"摸底测验"、课堂教学中的"当堂测验"、学期结束时的"期终考试"，三者所起的作用与"诊断性评价""形成性评价""终结性评价"相似，但其描述评价活动的角度不一（或为目的、或为场所、或为时间），含义模糊，带有明显的日常用语色彩，无法构成科学的概念系统。

术语虽好，但不是唯一的。表达不仅要准确传达自己的思想，还要考虑如何让更多的人读懂、理解，并邀请他人和自己对话、交流，不断召唤着意义的生成和流动，完成熟悉和陌生的互换：让熟悉的事物看上去有几分陌生甚至十分陌生，或者让陌生的事物看上去有几分熟悉甚至十分熟悉。

也许我们都有这样的阅读体验：不得不花费大量精力去揣摩、反复搞清楚他人究竟在说些什么、想说些什么。这不仅因为我们对内容不熟悉，或者内容本身很艰深，而且可能是他们的表达词不达意，或者我们对某种表达方式不熟悉。由此可见，我们不能过于偏执、迷恋某一种方式，数字、故事、比喻和类比、图像、音响、对话录等都应该在我们的考虑之列。那些广告制作人、诗人、戏剧演员、电影制作人以及画家等往往更多地使用形象化的表达方式使其笔下或镜头中的世界显得逼真、有趣，引发他人的共鸣。《论语》记录的是脱口而出的老实话，不是三思而后言的讲稿。拉伯雷的《巨人传》和卢梭的《爱弥儿》都是对一个人（想象中的）成长过程的叙述。它有完整的故事情节、性格鲜明的人物，还有较为成熟的叙述技巧。当然，这一切只是手段和陪衬，重要的和根本的还在于通过叙事表达某种教育思想。《巨人传》通过艺术的夸大和对比手法，形象地告诉人们，经院主义教育把聪明人变成了傻子，人文主义教育把傻子变成了身心和谐发展的巨人。《爱弥儿》则在一个接一个的故事片段拼接中表达了"自然主义"的教育思想。

在传统的教育写作中，不只是讲故事，比喻也被普遍使用。将陌生的事物和熟悉的事物联系起来，是比喻最有趣的地方。把熟悉的事物 X 看作陌生的事物 Y，可以表现出两个事物之间出乎意料的相似特质。历史上第一部体系完整的教育学著作——《大教学论》，通篇贯穿着人和自然的类比。夸美纽斯叙述教学经验时，一般先提出一条自然规律（现在看来大多数是杜撰的），然后说明人类的活动如何模仿这条规律。旧教育违反这条规律而误入歧途，需要纠正。这种论证显然有着时代的局限性，但比喻论证的方法至今仍为人们所常用。

教育活动中有可言说的，也有暂时不可言说的，如那些只能意会的知识，与教育问题密切相关的"生命意义"等。凡是能说的，把它说清楚；凡是不能说的，就应该保持沉默。保持沉默不等于不交流传承，而是可以强化图像展示、行动体认、场景熏陶等，用图像、行为、音响等方式来"说"更直接，效果也可能更好（这些都可作为成果报告的附件）。那些高度情境化、个人化的知识，高度依赖于教师个体的经验、个人的直觉，深深根植于场景和行动中，要求接受者身在其中达到一种完全直觉的意会。当代人类文化的呈现方式逐步从以文字为中心向以图像为中心转换，信息、思想和知识更多地由图像而不只是由铅字决定，让我们回到原初的"让人看到"或"让人听到"而不是"让人读到"的时代。

事实、数据、故事、比喻等不拘一格，关键在于传神。只有当成果本身具有某种特殊的精神魅力以及无限丰富性时，才可能不断召唤着读者与其对话，给人以必要的启蒙和解放的力量。

"知以藏往"

核心概念、思想、观念的呈现方式不是单一的，不同的表达诠释了概念的不同层面——几何捕捉形状、影视表现动作、逻辑分出因果等，共同组成一个多面体，传达了丰富多样的信息，形成了读者完整的认识。所谓最佳方式可能是一种幻觉、一种偏见，它与一个人接触某种观念的切身经验有关，如艺术家对图像的热衷、音乐家对旋律的偏爱、科学家对术语的执着等。柏拉图制造了"可感世界"与"理念世界"的分离，主张摒弃感觉经验，转向灵魂，建构"真实的理念世界"，认为理念之外是虚幻的、不可信的。柏拉图的对话录，尤其是早期的，还在一定程度上描摹出历史上苏格拉底对话的过程，带有很强的故事性、戏剧性，让后人切切实实地感受到苏格拉底对话的风格和苏格拉底惊人的智慧，从中也能体会到柏拉图既巧妙隐匿自我又曲折表达自我的方式。其后的学术界越来越表现出理性的尊严，制造了一系列的时空隔离：到教堂去照顾你的灵魂，在家看护你的身体，再把头脑留在图书馆或实验室，而真理只能从数量中寻找。其实，优秀成果的表达往往巧妙地将理性和感性融为一体，其背后遵循着严谨的逻辑条理（有条理地表达是最基本的也是最高的要求）。达尔文表达进化论思想，就不只是靠一套人工语言、特定术语，他还使用了自然语言。他经常使用树状图来表示进化的模式，可以让读者一眼看出一定时空中单一的原始物种会分化出几个次级的支系，有些支系兴旺繁茂，有的则孤立持久，而绝大多数都无法在特定的环境中存活下来。这既是自然分化，又是人工创造，在关于进化的记号和标识中，历史的起点同时也是逻辑的起点，历史和逻辑达到了几乎完美的统一。

通常谈到某个话题，我们总忍不住"从头说起"。科学认知依赖于"事实"，而不经过历史的肯定或否定，我们无法认定"事实"。"论从史出"，科学的、有逻辑力量的表述本来就蕴含着历史的视角，只是因为我们自身的阅历有限，意识不到当下与过去多方面的关联，缺乏足够的时空穿透能力。至于当下与未来的关联，可能更加说不清。逻辑能在多大程度上弥补这一不足呢？

对什么是教学成果的进一步追问

基础教育战线期盼已久的首届基础教育国家级教学成果奖评选活动，是在国务院颁发《教学成果奖励条例》20年后实施的，实属不易。我作为一名普通教育工作者，在教育部原基础教育二司（该司于2017年3月撤销，一部分职能划给新成立的教育部教材局，一部分职能划给教育部基础教育司）有关领导的直接指导下，具体研制了基础教育国家级教学成果奖励政策，并参与组织实施首届国家级教学成果奖励工作。历经数年，几多庆幸，也有遗憾。这里对奖励政策研制过程多说几句，算作后记，留点念想。

"民间一些好"

2009年8月，教育部有关领导在湖南长沙参加"第十届中学生运动会科学论文报告会暨第五届中国学校体育科学大会"时做出指示：可考虑借鉴体育科学报告会的方式，搞一个类似的课程改革、教材、信息化建设等方面的交流报告会（以学术、专业为主），进行相应论文（成果）报送、评审，以达到交流、探讨、鼓励、表彰的目的；组织方式上，请考虑并拿出一个方案，民间一些好，避免运动式、形式主义，不要搞突击，但要组织专家评审组，注意评审程序等。那时正值新世纪基础教育课程改革8年之际，要对改革推进过程及经验进行总结梳理，回应社会对课程改革的关切，推动课程改革的深入开展（计划中的全国基础教育课程改革经验交流会筹备多年，尚未召开）。对于新一轮课程改革，一直有不同的声音。从客观上讲，这些关注、支持、批评和建议，甚至较为激烈的争论，都起到了澄清认识、促进改革的作用。因为有争议，行政介入要讲究时机、方式，注重把握方向，专业性较强的事，还是"民间一些好"，主要由相关专业组织、专业人员把关（管评分离）。这也是后来组织成果评审时一直坚持的。

教育部原基础教育二司主要领导要求课程发展处落实此事，制订工作方案，组织开展"基础教育课程改革教学研究成果征集、评选、交流活动"，并为组织实施基础教育国家级教学成果奖励工作探路。司领导一开始就不只是把它作为一次评选活动，而要求将其与国家级教学成果奖对接，利用这一契机，建立推进课程改革的长效机制。说到基础教育国家级教学成果奖励工作的启动，不能不提及上述关键细节。我们今天直接或间接地享用着这项奖励政策的收益时，不应该忘记教育部有关领导曾经给予的关爱和智慧。恰巧这时候，我刚借调到教育部原基础教育二司，成为工作方案研制的"操刀手"。

"论文"还是"报告"？

工作方案研制从 2009 年 9 月份开始，直到 2009 年年底才初步有了点眉目。这不仅是因为期间我们忙于全国基础教育课程改革经验交流会（2009 年 10 月底在南京召开）的筹备和召开，耽搁了不少时间，而且是因为征集、评选、交流活动本身有不少问题需要充分协商、研讨和论证，特别是基础教育课程改革教学研究成果本身的内容和呈现形式需要理清楚。

"基础教育课程改革教学研究成果"这一冠名表明了基础教育教学成果奖一开始就与新世纪基础教育课程改革联系在一起，是从"基础教育课程改革"中的"教学研究成果"入手的。但它到底指什么？它的具体内容和表达形式是什么？

关于成果内容，我们当时把它归纳为课程开发与实施、教学改革、德育的针对性和实效性、考试评价改革、教学研究机制创新、基于新课程的教师教育、课程教学管理、教学资源开发共享等方面，把新课程推进所涉及的主要方面都纳入进来。如基础教育课程改革要求教师培养课程、培养模式必须做出相应调整，但其本身不属于基础教育范畴（属于教师教育或继续教育范畴）。再如，在"教学研究成果"下面列出"教学改革""教学研究机制创新"子项，显然不太合乎逻辑。好在当时研制了选题指南作为通知附件①，大家对成果内容没有什么质疑，主要意见分歧集中在成果形式上。中小学教师熟知的（与职称评审直接挂钩的）"论文"并不限于学位论文、科研论文，其范围是相当宽泛的，课例、经验总结、随笔、时事评论等均包含在内，表达形式比较灵活；同时，"论文"可以"高谈阔论"，不一定要接受实践的检验，甚至压根儿就没有打算去实践。"研究"与"实践"的"两张皮"现象在基层教科研活动中比较普遍，由此还引发了关于中小学教师要不要写"论文"的争议。为此，有人主张以有着统一规范、格式的研究报告为主，强调如实报告实践探索过程；同时，统一的表达形式便于评审比较。但这样限制过死，与形式多样的教科研活动可能不相适应。经过多次讨论，最终还是以"论文"为主，但对"论文"内容做了明确规定。

工作方案研制的主要成果转化为《教育部办公厅关于征集基础教育课程改革教学研究成果的通知》。其中，对成果形式做这样的规定："教学研究成果包括论文、教学案例、课件、软件等。论文具体包括背景与意义、研究与实践过程、成果的主要内容、实践成效等几个部分。教学案例、课件、软件等要辅以简要的文字报告。"也许是受业已形成的"论文"概念影响，部分省（区、市）报送的"论文"没有按照规定的内容要求来写，有的成果申报甚至没有填写相应的表格，因此不得不重新报送。这再一次告诉我们，在成果形式上还是应该回避"论文"形式。另外，将案例、课件、软件等作为单独的成果形式，显然分量不足，也与"经过2年以上教育教学实践检验"的要求不一致，很多案例或课件无需两年时间的检验。个别省级单位推荐了一些课件，都没有获奖。

整个基础教育课程改革教学研究成果征集、评选、交流活动前后延续两年

---

① 参见《教育部办公厅关于征集基础教育课程改革教学研究成果的通知》（教基二厅函〔2010〕2号）。

多时间，至 2010 年 12 月在浙江宁波召开优秀成果报告会结束，其间我直接面对全国各地教师的来电来函咨询，处理成果报送中的各种问题，这促使我不断学习，思考什么是教学成果。对于本书的写作而言，这应该说是一次很好的预习。

回到"教育教学方案"上

基础教育课程改革教学研究成果征集、评选、交流活动反映出基础教育领域已经形成了一批内涵丰富、富有创新和特色的研究成果。根据成果评审委员会的建议，在此活动基础上，教育部原基础教育二司及时转入"基础教育国家级教学成果奖励工作"的筹备工作中，主要任务之一是研制奖励暂行办法。

目前，关于国家级教学成果奖励的主要政策依据是国务院颁发的《教学成果奖励条例》（1994 年 3 月 14 日国务院令第 151 号，以下简称《条例》)，奖励暂行办法是对《条例》的具体化。为了研制好奖励暂行办法，我回过头来再次认真学习《条例》，领会其精神。同时学习了高等教育国家级教学成果评审办法（在这之前，高等教育已经组织了六届评审活动），并对北京、天津、四川、浙江等地省（区、市）级教学成果奖励工作情况进行了调研，深入探讨有关问题。

梳理各方面的意见和建议，最让我纠结的是，《条例》第二条对教学成果做了这样的界定："指反映教育教学规律，具有独创性、新颖性、实用性，对提高教学水平和教育质量、实现培养目标产生明显效果的教育教学方案"，而各方面对此都不太认同，各类评审办法都回避"教育教学方案"这一提法。翻阅有关档案，教育部高等教育司起草的教学成果奖励办法初稿中也没有这一说法。何人对此做了修改，已无从考证。将《条例》第二条关于教学成果的界定和第五条关于国家级教学成果须"经过 2 年以上教育教学实践检验"的规定联系起来读，不难看出其关注的实践导向。方案不同于论文，必须是可操作、可由实践检验的。当然，这不排除方案的研制要以相关论文为基础和依据，科学的方案必须建立在对现实问题深入分析研究的基础上。同时，方案是否可行、有效，有多大效果，要让实践说了算，由持续的、充分的实践说了算；不是停留在规划上，不是一两个课时，而是"2年以上"。由此，我们也不难理解教学成果不同于教育科研成果，它的基本内容和表达形式都不同于科研论文、学位论文，重点关注的是教学，而不是科研。

对教学成果基本内容和表达形式的探讨，还是应回到"教育教学方案"上来。既然是方案，它就有着明确的现实问题或任务导向，也就是说，以现实问题或任务的分析解决为直接目的，而不是直接指向理论建构；有着一定的计划性、系统性，经过多方面调研、科学设计和反复论证，而不是"摸着石头过河"或"例行工作"；有着充分的实践检验做基础，主要用学生发展等方面的情况来说明方案是否有效，在哪些方面有效，有多大效果，而不是只锁在抽屉里，或者贴在墙上；有着相应的文本，主要是关于方案基本内容和实践检验情况的报告，其他的如论文、案例、视频等都是补充，不只是反映认识成果的文本；有可推广性，可供他人在实践中学习借鉴，发挥一定的示范辐射作用（用《条例》中的话讲，即"在全国产生影响"），不同于单纯的个人教学艺术。我们可以在奖励暂行办法中不使用"方案"这一提法，但"方案"所注重的实践导向及相关基本要求乃是教学成果奖必须坚持的。

反映基础教育特点

2011年下半年，形成了《基础教育国家级教学成果奖励暂行办法（征求意见稿）》，征求了各省（区、市）教育行政部门的意见。2012年上半年，先后召开了几次座谈会，对基础教育国家级教学成果奖的基本内容、类别、基本要求及申报、推荐、评审等工作，进行了研讨。总的说来，高等教育国家级教学成果奖先后进行了六届评奖，形成了一套比较成熟的做法，如建立评审专家库、进行网上申报与公示、采取网络评审与会议评审相结合的办法等，都是可以直接借鉴的。与此同时，基础教育也有自己的特点，教学成果奖应反映基础教育教学本身的特点和规律。

关于申报对象。《教学成果奖励条例》第三条规定"各级各类学校、学术团体和其他社会组织、教师及其他个人，均可以依照本条例的规定申请教学成果奖"，其对教学成果奖申报对象的规定比较宽泛，体现出一种开放理念，鼓励各方面力量共同参与。考虑到教学成果奖的推荐和评审由各级教育行政部门负责，故规定不得以教育行政部门名义申报，但不排除公务员以个人名义申报（申报者不得参与成果的推荐和评审）；同时规定由中小学、幼儿园和一线教师申报的成果不少于70%，以更好地面向基层学校和一线教师。为明晰知识产权，规定教学成果或以单位名义申报，或以个人名义申报，两者只能选其一，不得兼顾（一项成果不能既为单位所有，又为个人所有），同时规定，以个人名义申报的，每项成果的申报人数不超过6人（强调成果持有人必须对成果做出重要贡献，真正拥有该成果的知识产权）。在申报对象的规定方面，首届基础教育国家级教学成果奖与高等教育、职业教育教学成果奖有诸多不同，细心的读者看一下《教育部关于批准2014年国家级教学成果奖获奖项目的决定》（教师〔2014〕8号）便知，这是一个有待进一步讨论的问题。

关于内容范围。课堂教学至今仍然是中小学教育（德、智、体、美全面发展教育，不只是智育）的基本途径，教育教学实际问题的解决通常须落实到课堂上，落实到各门学科教学过程中，但又不限于课堂教学。就课堂抓课堂，可能难以从根本上解决问题。于是，有必要适当拓宽教学成果的内涵与外延。拓宽到什么程度呢？有省级教育行政部门建议将义务教育均衡发展、教师队伍建设、教育教学投入机制建设等教学管理活动纳入教学成果奖励范围。其理由也很充分：这是当前提高基础教育教学质量的关键所在。但这些主要是教育行政部门的职能，非基层学校和一线教师所能解决的，与奖励工作的基本定位相矛盾。

如何解决这一矛盾呢？首届基础教育国家级教学成果奖将综合性教育教学改革成果纳入奖励范围，并对综合改革内涵做出规定，即它是指以课程为核心，带动教学、考试、评价、教师培训、家校合作、学校管理等一系列人才培养环节的系统变革。从首届基础教育国家级教学成果奖获奖成果看，这类成果往往分量重、影响大。将教学管理纳入奖励范围面临着两难抉择：要么强化体制机制建设而导向行政管理创新，偏离面向一线教师的奖励定位；要么囿于课堂教学而忽视体制机制建设，根本问题得不到有效解决。它的最终解决还有待于今后的实践探索。

关于教材建设。高等教育教材主要是教授自己编写的，有的甚至是原创的，乃是重要的教学成果。基础教育各学科教材更多的是出版社投资、著名学科教育专家主编，有的学科是国家统一组织编写。为确保教材的思想性、科学性，国家还组织统一的审查和推荐使用。所谓校本课程空间有限，且目前并不提倡编写校本教材。中小学教师在教材建设中发挥什么作用？如何发挥作用？这又是一个悬而未决的问题。有鉴于此，首届基础教育国家级教学成果奖暂未将教材纳入奖励范围。

关于基本要求。《条例》十分强调教学成果的独创性、新颖性，规定国家级教学成果为国内首创。基础教育领域教学创新的主要表现是什么？有多少可称作首创的东西？可能基础教育教学创新往往与个人特质、风格联系在一起，更多地表现为一种难以复制的教学艺术。在研讨中，大家感到基础教育领域教学成果不能只强调创新性，还应注重它的针对性、先进性、科学性等，特别是有没有真正解决教育教学中的实际问题，故而在成果申报与推荐中突出实践检验环节，要求如实提供有关实践过程及其效果的佐证材料，并予以公示。基础教育领域教学思想很少有所谓的"原创"，更多的是古典智慧在今天的发扬光大，如"学思结合""知行合一""因材施教"等，它既是古老的，又是具有时代性的。

基础教育国家级教学成果奖励政策的研制自 2009 年开始，至 2013 年年底初步告一段落，主要成果就是《教育部关于开展 2014 年国家级教学成果奖评审工作的通知》（教师〔2013〕14 号）中的附件《2014 年基础教育国家级教学成果奖评审工作安排》里的七条意见。现在看起来每一条意见都很平常，大家一看便知，没有多少需要解释的（政策如果需要附带的解释，那就不是好的政策），而每一条意见的背后都曾经发生过许多的争议和抉择，如：成果内涵方面，如何界定教学的具体内容，统筹单项与综合改革；成果形式方面，如何兼顾认识（研究）与实践情况；奖励对象方面，如何突出多样之中的重点，兼顾单位与个人；基本要求方面，如何处理创新与传承已有教学思想的关系；成果评审方面，如何协调好专业组织评审与行政管理的关系等。首届基础教育国家级教学成果奖励工作顺利实施，各方面反映较好，有关政策要点经受了实践检验，为后续奖励工作的实施打下了良好的基础。这并不代表其永远正确，形势发展总会提出新的要求，奖励政策一定还会做出新的调整和完善。

首届基础教育国家级教学成果奖颁奖之后，我又参与了两年多的获奖成果的宣传和推广活动，其间我不仅对国家级教学成果奖励政策进行了学习和思考，而且有机会学习了来自全国各地的优秀教学成果，包括那些也曾给我以有益启发的未获奖成果。在这里，我要特别感谢教育部原基础教育二司有关领导对我的厚爱，感谢各地优秀教学成果的创造者滋补了我的思想，感谢家人对我在知天命之年"北漂"的支持，也感谢教育科学出版社的同志为本书所付出的辛勤劳动。

柳夕浪

2017 年 4 月 5 日

教学成果奖励条例

（1994 年 3 月 14 日国务院令第 151 号发布）

第一条　为奖励取得教学成果的集体和个人，鼓励教育工作者从事教育教学研究，提高教学水平和教育质量，制定本条例。

第二条　本条例所称教学成果，是指反映教育教学规律，具有独创性、新颖性、实用性，对提高教学水平和教育质量、实现培养目标产生明显效果的教育教学方案。

第三条　各级各类学校、学术团体和其他社会组织、教师及其他个人，均可以依照本条例的规定申请教学成果奖。

第四条　教学成果奖，按其对提高教学水平和教育质量、实现培养目标产生的效果，分为国家级和省（部）级。

第五条　具备下列条件的，可以申请国家级教学成果奖：

（一）国内首创的；

（二）经过 2 年以上教育教学实践检验的；

（三）在全国产生一定影响的。

第六条　国家级教学成果奖分为特等奖、一等奖、二等奖三个等级，授予相应的证书、奖章和奖金。

第七条　国家级教学成果奖的评审、批准和授予工作，由国家教育委员会负责；其中授予特等奖的，应当报经国务院批准。

第八条　申请国家级教学成果奖，由成果的持有单位或者个人，按照其行政隶属关系，向省、自治区、直辖市人民政府教育行政部门或者国务院有关部门教育管理机构提出申请，由受理申请的教育行政部门或者教育管理机构向国家教育委员会推荐。

国务院有关部门所属单位或者个人也可以向所在地省、自治区、直辖市人民政府教育行政部门提出申请，由受理申请的教育行政部门向国家教育委员会推荐。

第九条　不属于同一省、自治区、直辖市或者国务院部门的两个以上单位或者个人共同完成的教学成果项目申请国家级教学成果奖的，由参加单位或者个人联合向主持单位或者主持人所在地省、自治区、直辖市人民政府教育行政部门或者国务院有关部门教育管理机构提出申请，由受理申请的教育行政部门或者教育管理机构向国家教育委员会推荐。

第十条　国家教育委员会对申请国家级教学成果奖的项目，应当自收到推荐之日起 90 日内予以公布；任何单位或者个人对该教学成果权属有异议的，可以自公布之日起 90 日内提出，报国家教育委员会裁定。

第十一条　国家级教学成果奖每 4 年评审一次。

第十二条　省（部）级教学成果奖的评奖条件、奖励等级、奖金数额、评审组织和办法，由省、自治区、直辖市人民政府、国务院有关部门参照本条例规定。其奖金来源，属于省、自治区、直辖市人民政府批准授予的，从地方预算安排的事业费中支付；属于国务院有关部门批准授予的，从其事业费中支付。

第十三条　教学成果奖的奖金，归项目获奖者所有，任何单位或者个人不得截留。

第十四条　获得教学成果奖，应当记入本人考绩档案，作为评定职称、晋级增薪的一项重要依据。

　　第十五条　弄虚作假或者剽窃他人教学成果获奖的，由授奖单位予以撤销，收回证书、奖章和奖金，并责成有关单位给予行政处分。

　　第十六条　本条例自发布之日起施行。

2014年基础教育国家级教学成果奖评审工作安排

一、奖励范围

本届基础教育国家级教学成果奖励范围包括基础教育各阶段、各领域取得的教学成果。凡按国家有关规定批准设立的基础教育阶段学校（中小学、幼儿园、特殊教育学校）、学术团体、研究机构和其他社会组织、教师及其他个人，均可申报基础教育国家级教学成果奖。

基础教育国家级教学成果要反映我国基础教育教学改革与实践探索的重大成果，其内容包括课程、教学、评价、资源建设等方面，可以是综合性的，也可以在某些方面有所侧重。中小学教材作为基础教育教学成果之一，其评审办法需做进一步论证，暂不列入本届奖励范围。

二、成果要求

基础教育教学成果必须符合国家教育方针、政策，体现时代精神和素质教育的核心理念，遵循学生身心发展和教育教学规律。必须围绕解决基础教育教学过程中的实际问题，创造性地提出科学的思路、方法和措施，经过实践检验，对于实现培养目标、提高教学水平和教育质量效果显著，产生了广泛而积极的影响，至今仍在教育教学中发挥示范引领作用。

特等奖教学成果应在教育教学理论上有建树，在教学改革实践中取得特别重大突破，经过不少于4年的实践检验，对提高教学水平和教育质量、实现培养目标有突出贡献，在国内处于领先水平，在全国产生重大影响。

一等奖教学成果应提出自己的理论或发展和完善已有理论，经过不少于 4 年的实践检验，对教学改革实践有重大示范作用，对提高教学水平和教育质量、实现培养目标产生重大成效，在全国或者省（区、市）域内产生较大影响；

二等奖教学成果应在教学改革实践的某一方面有所突破，经过不少于 2 年的实践检验，对提高教学水平和教育质量、实现培养目标产生显著成效，发挥了重要的示范作用。

三、申报程序和材料要求

（一）申报基础教育国家级教学成果奖，按照属地管理原则，由成果主持人或主持单位向所在地的省级教育行政部门提出申请。教育部不直接受理任何个人或单位的申请。

（二）申报基础教育国家级教学成果的单位，该成果应体现单位意志，由单位派人主持方案设计、论证、研究、实施与总结的过程，并以单位为主提供物质技术条件保障。 申报基础教育国家级教学成果的个人，应当主持并直接参加了成果的方案设计、论证、研究、实施和总结的全过程，做出主要贡献，并至今仍在从事教育教学研究与实践探索。

退休人员申报基础教育国家级教学成果奖，必须一直从事基础教育教学改革实践探索，至今没有间断，其成果仍在教育教学中发挥示范引领作用。

教学成果由两个以上单位或个人共同完成的，可联合申请，完成单位或个人跨地区、跨部门的，应向成果主持单位或主持人所在地省级教育行政部门提出申请。

（三）申报基础教育国家级教学成果奖，需提交《基础教育国家级教学成果奖申报表》、反映成果主要内容和实践检验过程的报告以及关于实践过程及效果的佐证材料等。成果主持人或主持单位按照《基础教育国家级教学成果奖申报表》及填报事宜的说明有关要求，认真准备，确保报送材料的完整、真实、规范。

四、成果推荐

（一）各省级教育行政部门受理申报成果，先行开展省级评选，在教育部下达的限额范围内择优推荐，保证推荐成果的质量和水平。

（二）各地基础教育国家级教学成果奖的推荐，由一线教师主持和中小学幼儿园主持完成的成果不少于推荐总数的 70%。

五、成果评审

教育部成立基础教育国家级教学成果评审委员会，负责实施基础教育国家级教学成果评审工作。

成果评审分为通讯评审和会议评审两个阶段。

通讯评审分类别进行，采取打分排序的方式，确定进入会议评审的成果。

会议评审采取审阅申报材料、视频答辩和投票表决等方式进行。评审委员会在听取评审专家组意见的基础上进行投票表决。投票须有五分之四以上评审委员会委员参加投票方有效。二等奖须有参加投票委员的二分之一以上同意；一等奖须有参加投票委员的三分之二以上同意；特等奖须有参加投票委员的四分之三以上同意。

必要时进行实地考察。

六、异议处理

省级教育行政部门报送的国家级教学成果推荐材料，由评审委员会在受理成果推荐材料后予以公示。任何单位和个人对公示的教学成果权属、实践时间与实践单位等持有异议，需在公示时间内向评审委员会秘书处提出；异议以书面形式（包括必要的证明材料）提出。单位提出异议，需在异议材料上加盖本单位公章，并写明联系人姓名、通讯地址与电话；个人提出的异议，需在异议材料上签署真实姓名，并写明本人的工作单位、通讯地址和电话。评审委员会秘书处对提出异议的单位与个人予以保密，并组织调查、核实，将异议核实和处理情况提交评委会裁决。

七、其他

（一）请各省级教育行政部门指定具体部门和专人负责本单位基础教育教学成果奖励工作，于 2014 年 1 月 25 日前将《2014 年基础教育国家级教学成果奖推荐单位信息表》寄送或传真到我部基础教育国家级教学成果评审委员会秘书处。

（二）《基础教育国家级教学成果奖申报表》《〈基础教育国家级教学成果奖申报表〉填报事宜的说明》《2014 年基础教育国家级教学成果奖省级单位信息表》请在教育部门户网站下载。

基础教育国家级教学成果推荐名额、材料报送办法、时间等事宜另行通知。

（三）2014 年基础教育国家级教学成果奖评审委员会秘书处设在基础教育二司，日常具体工作由课程发展处承担。

基础教育国家级教学成果奖申报表

成果名称　　_____

成果完成者　_____

所在单位　　_____

省级教学成果奖励等级_____

推荐单位名称及盖章_____

推　荐　时　间_____年_____月_____日

序号　□□□□□□

编号　_____

中华人民共和国教育部制

成果持有者承诺书

在申报成果奖过程中，本人自愿做出如下承诺：

对填写的各项内容负责，成果申报材料真实、可靠，不存在知识产权争议，未弄虚作假、未剽窃他人成果。

成果持有者签字：_____

所在单位主要负责人签字（签章）：_____

年　　月　　日

一、成果类别

（一）在下列所属基础教育阶段、领域中打"√"（限选一项）

☐ 1—学前教育

☐ 2—小学教育

☐ 3—初中教育

☐ 4—高中阶段教育

☐ 5—特殊教育

☐ 6—其他，如成果内容涉及上述两个及以上阶段或领域，或涉及基础教育与其他教育的衔接等

（二）在下列所属改革与实践探索领域中打"√"（限选一项）

☐ 01—幼儿园保育教育

☐ 02—幼儿园环境创设与资源利用

☐ 03—幼儿园教育评价

☐ 04—幼儿园教学研究与指导

☐ 05—幼儿家庭教育指导

☐ 06—0—3 岁婴幼儿早期教育

☐ 07—中小学课程开发与实施

☐ 08—中小学教学方式、组织形式改革

☐ 09—中小学教学评价改革

☐ 10—中小学教育技术教学应用与资源建设

☐ 11—中小学教学研究与教师专业发展

☐ 12—中小学教育教学综合改革

☐ 13—特殊教育改革研究

☐ 14—其他

（三）在下列所属学科或具体的实践探索领域中打"√"（限选一项）

□ 01—幼儿发展观察分析与指导

□ 02—幼儿学习与发展领域研究与实践

□ 03—幼儿园教育活动适宜性与有效性研究

□ 04—幼儿园一日生活组织与指导

□ 05—幼儿游戏研究与实践

□ 06—幼儿园保育教育综合改革

□ 07—活动区玩具教具材料与幼儿发展的适宜性

□ 08—幼儿园社区教育资源的研究与利用

□ 09—幼儿发展评价

□ 10—幼儿教师专业发展评价

□ 11—幼儿园保育教育质量评价

□ 12—园本教研与教师专业化发展

□ 13—学前教育区域教研机制与教研网络建设

□ 14—面向家庭与社区的学前家庭教育指导

□ 15—0—3 岁婴幼儿发展研究与指导

□ 16—公益性早期教育服务模式探索

□ 17—中小学德育课程与教学（含小学 1—2 年级品德与生活、小学 3—6 年级品德与社会、初中思想品德、高中思想政治等）

□ 18—综合实践活动（含社区服务、社会实践、研究性学习等）

□ 19—语文教育

□ 20—数学教育

□ 21—外语教育

□ 22—历史教育、历史与社会教育

□ 23—地理教育

☐ 24—生物教育

☐ 25—物理教育

☐ 26—化学教育

☐ 27—科学教育

☐ 28—技术（含劳技）教育

☐ 29—艺术教育（含音乐、美术）

☐ 30—体育与健康教育

☐ 31—校本课程（含高中选修Ⅱ）开发与实施

☐ 32—地方课程开发与实施

☐ 33—中小学教学方式、教学组织形式改革

☐ 34—中小学教育技术教学应用与资源建设

☐ 35—中小学教学评价改革

☐ 36—中小学生综合素质评价研究

☐ 37—中小学教学研究机制、方式改革与教师专业发展

☐ 38—关于小学课程、教学、评价与管理等方面的综合改革

☐ 39—关于中学课程、教学、评价与管理等方面的综合改革

☐ 40—关于中小学课程、教学、评价与管理等方面的综合改革（跨不同学段）

☐ 41—特殊教育与康复结合的设计与实施

☐ 42—残疾儿童发展与教育评价改革

☐ 43—残疾学生随班就读教学综合改革

☐ 44—其他

（四）在下列成果申报者类别中打"√"（限选一项）

☐ 1—以个人名义申报

☐ 2—以单位名义申报

二、成果简介

成果名称		研究起止时间	起始：　　　年　　　月 完成：　　　年　　　月
关键词（3—5个）：			

1. 成果概要（500字以内）

2. 解决的主要问题、解决问题的过程与方法（800 字以内）

3. 成果创新点（500 字以内）

三、成果应用及效果（800字以内）

在本单位实践检验时间	年　　月开始至　　　年　　月结束

如果除本单位之外，有其他推广应用的单位，请选择 3 个以内的实践检验单位，填写下表。

第 1 个实践检验单位情况

地区或学校名称	
实践检验时间	年　　月开始至　　　年　　　月结束
承担任务	

<table>
<tr><td colspan="2" align="center">实践效果（400 字以内）</td></tr>
<tr><td colspan="2" style="height:700px"></td></tr>
<tr><td colspan="2" align="right">实践检验单位（公章）：
年　　月　　日</td></tr>
</table>

第 2 个实践检验单位情况

地区或学校名称	
实践检验时间	年　　月开始至　　　年　　月结束
承担任务	

实践效果（400 字以内）

实践检验单位（公章）：
年　　月　　日

第 3 个实践检验单位情况

地区或学校名称	
实践检验时间	年　　月开始至　　　年　　月结束
承担任务	

<table>
<tr><td colspan="2" align="center">实践效果（400字以内）</td></tr>
<tr><td colspan="2" height="600">

　　　　　　　　　　　　　　　　　　　　　实践检验单位（公章）：
　　　　　　　　　　　　　　　　　　　　　　　年　　月　　日
</td></tr>
</table>

四、成果曾获奖励情况（限填 3 项）

时　　间	成果名称	奖项名称	获奖等级	颁奖部门

五、成果持有者情况

（一）以个人名义申报的填写下表（以单位名义申报的不填写）

1. 主持人情况

姓　　名		性　　别	
出生年月	年　月	最后学历	
参加工作时间	年　月	教　　龄	
职务职称		联系电话	
工作单位		电子信箱	
现从事工作及专长		邮政编码	
通讯地址			
主要贡献	（200字以内） 本人签名： 年　月　日		

2. 其他成果持有人情况（一般不超过5人）

序　　号	姓　　名	工作单位	承担任务及实际贡献	本人签字

（二）以单位名义申报的填写下表（一般不超过 3 个单位）

1. 主持单位情况

单位名称		主管部门	
联 系 人		联系电话	
传 真		电子信箱	
通讯地址		邮政编码	
主要贡献	（200 字以内） 单位盖章 年　　月　　日		

2. 其他持有单位情况

单位名称		主管部门	
联 系 人		联系电话	
传 真		电子信箱	
通讯地址		邮政编码	
主要贡献	（200 字以内） 单位盖章 年　　月　　日		

六、省级推荐意见

省级教育行政部门 推荐意见	
	推荐单位公章 年　月　日

七、国家评审意见

（一）评审专家组意见

评审专家组组长
签字：
年　月　日

（二）评审委员会评审意见

基础教育国家级教学成果奖评审委员会主任委员

签字：

年　月　日

（三）奖励工作委员会审定意见

国家级教学成果奖励工作领导小组组长

签字：

年　月　日

八、附录

（一）成果报告

成果报告需反映成果主要内容和实践探索（包括检验）过程。参照以下要点撰写，不超过 8000 字：

1.问题的提出；

2.解决问题的过程与方法；

3.成果的主要内容；

4.效果与反思。

（二）附件

1.关于成果主要内容的视频介绍，不超过 20 分钟；

2.关于实践过程及效果的佐证材料、获奖证书复印件等；

3.支撑成果的其他有关材料。

成果附件中，文字材料总数不超过 1 万字，课件、软件、视频等总容量不超过 500M。

《基础教育国家级教学成果奖申报表》
填报事宜的说明

《基础教育国家级教学成果奖申报表》(以下简称《申报表》) 是教学成果奖申请、推荐、评审、批准的主要依据,必须严格按规定的格式、栏目及所列标题如实、全面填写。

一、封面

1. 成果名称:应准确、简明地反映出成果的主要内容和特征,字数 (含符号) 不超过 35 个。

2. 成果完成者:个人名义申报的,填写成果主持人姓名,并写上所在单位名称;以单位名义申报的,填写成果主持单位名称。

3. 省级教学成果奖励等级:指该成果在省级基础教育教学成果评审中所获得的奖励等级。

4. 推荐单位:指省、自治区、直辖市人民政府教育行政部门。

5. 推荐时间:指推荐单位决定推荐国家级教学成果奖的时间。

6. 序号:由省级教育行政部门填写。组成形式为 abcdef,其中:

abc 为省级代码 (详见下表);

def 为省级推荐成果的顺序号。

例如:序号 "911001" 为北京市推荐的、编号为 001 的成果,其中 911 为推荐单位北京市的代码，001 为推荐国家级教学成果的顺序号。

省（自治区、直辖市）代码

911 北京市	934 安徽省	952 贵州省
912 天津市	935 福建省	953 云南省
913 河北省	936 江西省	954 西藏自治区
914 山西省	937 山东省	955 重庆市
915 内蒙古自治区	941 河南省	961 陕西省
921 辽宁省	942 湖北省	962 甘肃省
922 吉林省	943 湖南省	963 青海省
923 黑龙江省	944 广东省	964 宁夏回族自治区
931 上海市	945 广西壮族自治区	965 新疆维吾尔自治区
932 江苏省	946 海南省	966 新疆生产建设兵团
933 浙江省	951 四川省	

7. 编号：由基础教育国家级教学成果评审委员会秘书处填写。

二、成果简介

1. 研究起止时间：起始时间指提出问题、开始研究日期；完成时间指解决问题、形成最终成果的日期。

2. 成果概要：对成果的主要内容做说明，均应直接叙述，请勿采取"见××附件"的表达形式。

3. 解决的主要问题、解决问题的过程与方法：具体指出成果要解决的主要问题及解决问题的思路、阶段、所采用的方法等，问题要明确，思路、阶段要清晰，方法要有针对性。

4. 成果创新点：对成果在实践中的突破、理论上的创新进行归纳与提炼。应简明、准确、完整地阐述，每个创新点相对独立。

三、成果应用及效果

1. 实践检验起始时间指正式实施（包括正式试行）教育教学方案的时间，不含研讨、论证及制定方案的时间。正在进行实践检验的截止时间为推荐国家级教学成果的时间。

2. 成果应用及效果：对成果的应用情况、产生的实际效果进行阐述。

3. 实践检验单位指除成果主持人所在单位之外的参与实践的地区或学校。如有，选择不超过 3 个主要的实践单位填写。没有可不填。

4. 实践效果：指成果解决问题的情况及其所取得的实际效果，由实践检验单位填写并盖章。

四、成果曾获奖励情况

成果曾获奖励情况：指省、自治区、直辖市政府和国务院有关部门所设立的教育教学奖励。成果曾获有关奖励，需在附件中提供获奖证书复印件。

五、成果持有者情况

1. 以个人名义申报的成果，在个人名义申报栏中填写。每项成果持有人不超过 6 人（含主持人）。主要贡献一栏应如实写明该完成人对本成果做出的贡献并签名。

2. 以单位名义申报的成果，在单位名义申报栏中填写。每项成果持有单位不超过 3 个（含主持单位）。单位是指学校或其他法人单位。主要贡献一栏应如实写明该完成单位对本成果做出的贡献，并在单位名称栏内加盖公章。

六、推荐意见

省级教育行政部门推荐意见：由省级教育行政部门填写。内容包括根据成果创新性特点、水平和应用情况并参照相应奖励等级标准写明推荐理由和结论性意见。加盖省级教育行政部门公章。

七、评审意见

1. 评审专家组意见：由基础教育国家级教学成果评审专家组填写。内容包括推荐奖励的等级及理由；评审专家组组长签字。

2. 评审委员会评审意见：由基础教育国家级教学成果奖评审委员会填写。

3. 奖励工作领导小组意见：由国家级教学成果奖励工作领导小组填写。

八、附录

附录中成果报告、关于成果内容的视频介绍、关于实践过程及效果的佐证材料是评审教学成果的主要依据，每一项推荐成果都必须提供。

1. 成果报告：请参照《申报表》中有关要点撰写，字数不超过 8000 字。其中，"问题的提出"部分需阐明针对什么问题进行改革与实践探索以及为什么进行这一改革与实践探索；"解决问题的过程与方法"部分需说明怎样进行改革与实践探索的；"成果的主要内容"部分需说明经过实践检验后形成的问题解决方案（主要观点、实践模型等）；"效果与反思"部分需说明成果取得了怎样的实践效果，还有哪些不足以及需要进一步探索的问题等。

2. 关于成果主要内容的视频介绍：直观、形象地介绍成果的主要内容、特色等，着眼于弥补文字材料的不足。如果文字材料可以说明有关问题，也可不提供视频介绍。

3. 关于实践过程及效果的佐证材料、获奖证书复印件等，需加盖成果持有者所在单位公章。

4. 如果成果报告、视频介绍、佐证材料等还不能反映成果的主要内容、特色，可有限度地提供相关的其他材料，不超过 1 万字。注意不要与成果报告、视频介绍、佐证材料重复。

九、其他

1.《申报表》等书写、打印格式：

（1）《申报表》可用原件按 1∶1 比例复印（去掉"附件"字样），也可用基础教育国家级教学成果奖励网站《基础教育国家级教学成果奖申报表》中提供的格式打印或印刷。纸张一律用 A4 纸，竖装，两面印刷。文字及图表应限定在高

245 毫米、宽 170 毫米的规格内排印，左边为装订边，宽度不小于 25 毫米，正文内容所用字型应不小于 5 号字。

（2）《申报表》要求用中文和使用钢笔或中性笔填写，也可填好后复印或用计算机录入后一并打印，但不得以剪贴代填。需签字、盖章处打印或复印无效。表中各项目均不要另附纸。

（3）《申报表》指定附录备齐后应合装成册（用软皮平装），以便于评审时阅读。其规格大小应与申报表一致，但不要和《申报表》正文表格装订在一起；首页应为附件目录，不要加其他封面。

2．报送材料要用厚牛皮纸袋装好。每袋限装一项成果的材料，并将《申报表》封面（复印件）和袋内材料明细表分别贴于袋的两面。

3．报送纸质材料的同时，进行网上申报与推荐。网址另行通知。要确保纸质材料与电子文本的一致。

4．除《基础教育国家级教学成果奖申报表》（含指定附录）外，教育部不再接受其他纸介质材料。如确有其他必要的反映成果水平的其他材料，可在单位（个人）的网站上展示，并在《申报表》的附件目录中提供相应网址和展示材料目录，供专家在评审中查阅参考。

5．所有推荐材料一律不退，请自行留底。